INGLÊS
VOCABULÁRIO

PALAVRAS MAIS ÚTEIS

PORTUGUÊS
INGLÊS BRITÂNICO

Para alargar o seu léxico e apurar
as suas competências linguísticas

7000 palavras

Vocabulário Português-Inglês britânico - 7000 palavras

Por Andrey Taranov

Os vocabulários da T&P Books destinam-se a ajudar a aprender, a memorizar, e a rever palavras estrangeiras. O dicionário é dividido em temas, cobrindo todas as principais esferas de atividades quotidianas, negócios, ciência, cultura, etc.

O processo de aprendizagem, utilizando os dicionários baseados em temáticas da T&P Books dá-lhe as seguintes vantagens:

- Informação de origem corretamente agrupada predetermina o sucesso em fases subsequentes da memorização de palavras
- Disponibilização de palavras derivadas da mesma raiz, o que permite a memorização de unidades de texto (em vez de palavras separadas)
- Pequenas unidades de palavras facilitam o processo de estabelecimento de vínculos associativos necessários para a consolidação do vocabulário
- O nível de conhecimento da língua pode ser estimado pelo número de palavras aprendidas

T&P Books Publishing
www.tpbooks.com

ISBN: 978-1-78400-876-5

Este livro também está disponível em formato E-book.
Por favor visite www.tpbooks.com ou as principais livrarias on-line.

VOCABULÁRIO INGLÊS BRITÂNICO
palavras mais úteis

Os vocabulários da T&P Books destinam-se a ajudar a aprender, a memorizar, e a rever palavras estrangeiras. O vocabulário contém mais de 7000 palavras de uso comum organizadas tematicamente.

O vocabulário contém as palavras mais comummente usadas

Recomendado como adicional para qualquer curso de línguas

Satisfaz as necessidades dos iniciados e dos alunos avançados de línguas estrangeiras

Conveniente para o uso diário, sessões de revisão e atividades de auto-teste

Permite avaliar o seu vocabulário

Características especias do vocabulário

- As palavras estão organizadas de acordo com o seu significado, e não por ordem alfabética
- As palavras são apresentadas em três colunas para facilitar os processos de revisão e auto-teste
- As palavras compostas são divididas em pequenos blocos para facilitar o processo de aprendizagem
- O vocabulário oferece uma transcrição simples e adequada de cada palavra estrangeira

O vocabulário contém 198 tópicos incluindo:

Conceitos básicos, Números, Cores, Meses, Estações do ano, Unidades de medida, Roupas & Acessórios, Alimentos & Nutrição, Restaurante, Membros da Família, Parentes, Caráter, Sentimentos, Emoções, Doenças, Cidade, Passeios, Compras, Dinheiro, Casa, Lar, Escritório, Trabalho no Escritório, Importação & Exportação, Marketing, Pesquisa de Emprego, Desportos, Educação, Computador, Internet, Ferramentas, Natureza, Países, Nacionalidades e muito mais ...

TABELA DE CONTEÚDOS

GUIA DE PRONUNCIAÇÃO

Letra	Exemplo Inglês britânico	Alfabeto fonético T&P	Exemplo Português

Vogais

Letra	Exemplo Inglês britânico	Alfabeto fonético T&P	Exemplo Português
a	age	[eɪ]	seis
a	bag	[æ]	semana
a	car	[ɑ:]	rapaz
a	care	[eə]	fêmea
e	meat	[i:]	cair
e	pen	[e]	metal
e	verb	[ɜ]	minhoca
e	here	[ɪə]	variedade
i	life	[aj]	baixar
i	sick	[ɪ]	sinónimo
i	girl	[ø]	orgulhoso
i	fire	[ajə]	flyer
o	rose	[əʊ]	réu
o	shop	[ɒ]	chamar
o	sport	[ɔ:]	emboço
o	ore	[ɔ:]	emboço
u	to include	[u:]	blusa
u	sun	[ʌ]	fax
u	church	[ɜ]	minhoca
u	pure	[ʊə]	adoecer
y	to cry	[aj]	baixar
y	system	[ɪ]	sinónimo
y	Lyre	[ajə]	flyer
y	party	[ɪ]	sinónimo

Consoantes

Letra	Exemplo Inglês britânico	Alfabeto fonético T&P	Exemplo Português
b	bar	[b]	barril
c	city	[s]	sanita
c	clay	[k]	kiwi
d	day	[d]	dentista
f	face	[f]	safári
g	geography	[dʒ]	adjetivo
g	glue	[g]	gosto
h	home	[h]	[h] aspirada
j	joke	[dʒ]	adjetivo
k	king	[k]	kiwi

Letra	Exemplo Inglês britânico	Alfabeto fonético T&P	Exemplo Português
l	love	[l]	libra
m	milk	[m]	magnólia
n	nose	[n]	natureza
p	pencil	[p]	presente
q	queen	[k]	kiwi
r	rose	[r]	riscar
s	sleep	[s]	sanita
s	please	[z]	sésamo
s	pleasure	[ʒ]	talvez
t	table	[t]	tulipa
v	velvet	[v]	fava
w	winter	[w]	página web
x	ox	[ks]	perplexo
x	exam	[gz]	Yangtzé
z	azure	[ʒ]	talvez
z	zebra	[z]	sésamo

Combinações de letras

ch	China	[tʃ]	Tchau!
ch	chemistry	[k]	kiwi
ch	machine	[ʃ]	mês
sh	ship	[ʃ]	mês
th	weather	[ð]	[z] - fricativa dental sonora não-sibilante
th	tooth	[θ]	[s] - fricativa dental surda não-sibilante
ph	telephone	[f]	safári
ck	black	[k]	kiwi
ng	ring	[ŋ]	alcançar
ng	English	[ŋ]	alcançar
wh	white	[w]	página web
wh	whole	[h]	[h] aspirada
wr	wrong	[r]	[r] vibrante
gh	enough	[f]	safári
gh	sign	[n]	natureza
kn	knife	[n]	natureza
qu	question	[kv]	aquário
tch	catch	[tʃ]	Tchau!
oo+k	book	[ʊ]	bonita
oo+r	door	[ɔ:]	emboço
ee	tree	[i:]	cair
ou	house	[aʊ]	produção
ou+r	our	[aʊə]	similar - Espanhol 'cacahuete'
ay	today	[eɪ]	seis
ey	they	[eɪ]	seis

ABREVIATURAS
usadas no vocabulário

Abreviaturas do Português

adj	-	adjetivo
adv	-	advérbio
anim.	-	animado
conj.	-	conjunção
desp.	-	desporto
etc.	-	etecetra
ex.	-	por exemplo
f	-	nome feminino
f pl	-	feminino plural
fem.	-	feminino
inanim.	-	inanimado
m	-	nome masculino
m pl	-	masculino plural
m, f	-	masculino, feminino
masc.	-	masculino
mat.	-	matemática
mil.	-	militar
pl	-	plural
prep.	-	preposição
pron.	-	pronome
sb.	-	sobre
sing.	-	singular
v aux	-	verbo auxiliar
vi	-	verbo intransitivo
vi, vt	-	verbo intransitivo, transitivo
vr	-	verbo reflexivo
vt	-	verbo transitivo

Abreviaturas do Inglês britânico

sb	-	alguém
sth	-	algo
v aux	-	verbo auxiliar
vi	-	verbo intransitivo
vi, vt	-	verbo intransitivo, transitivo
vt	-	verbo transitivo

CONCEITOS BÁSICOS

Conceitos básicos. Parte 1

1. Pronomes

eu	I, me	[aɪ], [mi:]
tu	you	[ju:]
ele	he	[hi:]
ela	she	[ʃi:]
ele, ela (neutro)	it	[ɪt]
nós	we	[wi:]
vocês	you	[ju:]
eles, elas	they	[ðeɪ]

2. Cumprimentos. Saudações. Despedidas

Olá!	Hello!	[həˈləʊ]
Bom dia! (formal)	Hello!	[həˈləʊ]
Bom dia! (de manhã)	Good morning!	[gʊd ˈmɔ:nɪŋ]
Boa tarde!	Good afternoon!	[gʊd ˌɑ:ftəˈnu:n]
Boa noite!	Good evening!	[gʊd ˈi:vnɪŋ]
cumprimentar (vt)	to say hello	[tə seɪ həˈləʊ]
Olá!	Hi!	[haɪ]
saudação (f)	greeting	[ˈgri:tɪŋ]
saudar (vt)	to greet (vt)	[tə gri:t]
Como vai?	How are you?	[ˌhaʊ ə ˈju:]
O que há de novo?	What's new?	[ˌwɒts ˈnju:]
Até à vista!	Bye-Bye! Goodbye!	[baɪ-baɪ], [gʊdˈbaɪ]
Até breve!	See you soon!	[ˈsi: ju ˌsu:n]
Adeus!	Goodbye!	[gʊdˈbaɪ]
despedir-se (vr)	to say goodbye	[tə seɪ gʊdˈbaɪ]
Até logo!	Cheers!	[tʃɪəz]
Obrigado! -a!	Thank you!	[ˈθæŋk ju:]
Muito obrigado! -a!	Thank you very much!	[ˈθæŋk ju ˈveri mʌtʃ]
De nada	My pleasure!	[maɪ ˈpleʒə(r)]
Não tem de quê	Don't mention it!	[ˌdəʊnt ˈmenʃən ɪt]
Desculpa! -pe!	Excuse me!	[ɪkˈskju:z mi:]
desculpar (vt)	to excuse (vt)	[tə ɪkˈskju:z]
desculpar-se (vr)	to apologize (vi)	[tə əˈpɒlədʒaɪz]
As minhas desculpas	My apologies.	[maɪ əˈpɒlədʒɪz]

Desculpe!	I'm sorry!	[aɪm 'sɒrɪ]
Não faz mal	It's okay!	[ɪts ˌəʊ'keɪ]
por favor	please	[pliːz]

Não se esqueça!	Don't forget!	[ˌdəʊnt fə'get]
Certamente! Claro!	Certainly!	['sɜːtənlɪ]
Claro que não!	Of course not!	[əv ˌkɔːs 'nɒt]
Está bem! De acordo!	Okay!	[ˌəʊ'keɪ]
Basta!	That's enough!	[ðæts ɪ'nʌf]

3. Números cardinais. Parte 1

zero	zero	['zɪərəʊ]
um	one	[wʌn]
dois	two	[tuː]
três	three	[θriː]
quatro	four	[fɔː(r)]

cinco	five	[faɪv]
seis	six	[sɪks]
sete	seven	['sevən]
oito	eight	[eɪt]
nove	nine	[naɪn]

dez	ten	[ten]
onze	eleven	[ɪ'levən]
doze	twelve	[twelv]
treze	thirteen	[ˌθɜː'tiːn]
catorze	fourteen	[ˌfɔː'tiːn]

quinze	fifteen	[fɪf'tiːn]
dezasseis	sixteen	[sɪks'tiːn]
dezassete	seventeen	[ˌsevən'tiːn]
dezoito	eighteen	[ˌeɪ'tiːn]
dezanove	nineteen	[ˌnaɪn'tiːn]

vinte	twenty	['twentɪ]
vinte e um	twenty-one	['twentɪ ˌwʌn]
vinte e dois	twenty-two	['twentɪ ˌtuː]
vinte e três	twenty-three	['twentɪ ˌθriː]

trinta	thirty	['θɜːtɪ]
trinta e um	thirty-one	['θɜːtɪ ˌwʌn]
trinta e dois	thirty-two	['θɜːtɪ ˌtuː]
trinta e três	thirty-three	['θɜːtɪ ˌθriː]

quarenta	forty	['fɔːtɪ]
quarenta e um	forty-one	['fɔːtɪˌwʌn]
quarenta e dois	forty-two	['fɔːtɪˌtuː]
quarenta e três	forty-three	['fɔːtɪˌθriː]

cinquenta	fifty	['fɪftɪ]
cinquenta e um	fifty-one	['fɪftɪ ˌwʌn]
cinquenta e dois	fifty-two	['fɪftɪ ˌtuː]

cinquenta e três	fifty-three	['fɪftɪ ˌθri:]
sessenta	sixty	['sɪkstɪ]
sessenta e um	sixty-one	['sɪkstɪ ˌwʌn]
sessenta e dois	sixty-two	['sɪkstɪ ˌtu:]
sessenta e três	sixty-three	['sɪkstɪ ˌθri:]
setenta	seventy	['sevəntɪ]
setenta e um	seventy-one	['sevəntɪ ˌwʌn]
setenta e dois	seventy-two	['sevəntɪ ˌtu:]
setenta e três	seventy-three	['sevəntɪ ˌθri:]
oitenta	eighty	['eɪtɪ]
oitenta e um	eighty-one	['eɪtɪ ˌwʌn]
oitenta e dois	eighty-two	['eɪtɪ ˌtu:]
oitenta e três	eighty-three	['eɪtɪ ˌθri:]
noventa	ninety	['naɪntɪ]
noventa e um	ninety-one	['naɪntɪ ˌwʌn]
noventa e dois	ninety-two	['naɪntɪ ˌtu:]
noventa e três	ninety-three	['naɪntɪ ˌθri:]

4. Números cardinais. Parte 2

cem	one hundred	[ˌwʌn 'hʌndrəd]
duzentos	two hundred	[tu 'hʌndrəd]
trezentos	three hundred	[θri: 'hʌndrəd]
quatrocentos	four hundred	[ˌfɔ: 'hʌndrəd]
quinhentos	five hundred	[ˌfaɪv 'hʌndrəd]
seiscentos	six hundred	[sɪks 'hʌndrəd]
setecentos	seven hundred	['sevən 'hʌndrəd]
oitocentos	eight hundred	[eɪt 'hʌndrəd]
novecentos	nine hundred	[ˌnaɪn 'hʌndrəd]
mil	one thousand	[ˌwʌn 'θaʊzənd]
dois mil	two thousand	[tu 'θaʊzənd]
De quem são ...?	three thousand	[θri: 'θaʊzənd]
dez mil	ten thousand	[ten 'θaʊzənd]
cem mil	one hundred thousand	[ˌwʌn 'hʌndrəd 'θaʊzənd]
um milhão	million	['mɪljən]
mil milhões	billion	['bɪljən]

5. Números. Frações

fração (f)	fraction	['frækʃən]
um meio	one half	[ˌwʌn 'hɑ:f]
um terço	one third	[wʌn θɜ:d]
um quarto	one quarter	[wʌn 'kwɔ:tə(r)]
um oitavo	one eighth	[wʌn 'eɪtθ]
um décimo	one tenth	[wʌn tenθ]
dois terços	two thirds	[tu θɜ:dz]
três quartos	three quarters	[θri: 'kwɔ:təz]

6. Números. Operações básicas

subtração (f)	**subtraction**	[səb'trækʃən]
subtrair (vi, vt)	**to subtract** (vi, vt)	[tə səb'trækt]
divisão (f)	**division**	[dɪ'vɪʒən]
dividir (vt)	**to divide** (vt)	[tə dɪ'vaɪd]
adição (f)	**addition**	[ə'dɪʃən]
somar (vt)	**to add up** (vt)	[tə æd 'ʌp]
adicionar (vt)	**to add** (vi, vt)	[tə æd]
multiplicação (f)	**multiplication**	[ˌmʌltɪplɪ'keɪʃən]
multiplicar (vt)	**to multiply** (vt)	[tə 'mʌltɪplaɪ]

7. Números. Diversos

algarismo, dígito (m)	**figure**	['fɪɡə(r)]
número (m)	**number**	['nʌmbə(r)]
numeral (m)	**numeral**	['nju:mərəl]
menos (m)	**minus sign**	['maɪnəs saɪn]
mais (m)	**plus sign**	[plʌs saɪn]
fórmula (f)	**formula**	['fɔ:mjʊlə]
cálculo (m)	**calculation**	[ˌkælkjʊ'leɪʃən]
contar (vt)	**to count** (vi, vt)	[tə kaʊnt]
comparar (vt)	**to compare** (vt)	[tə kəm'peə(r)]
Quanto?	**How much?**	[ˌhaʊ 'mʌtʃ]
Quantos? -as?	**How many?**	[ˌhaʊ 'menɪ]
soma (f)	**sum, total**	[sʌm], ['təʊtəl]
resultado (m)	**result**	[rɪ'zʌlt]
resto (m)	**remainder**	[rɪ'meɪndə(r)]
alguns, algumas ...	**a few ...**	[ə fju:]
um pouco de ...	**little**	['lɪtəl]
resto (m)	**the rest**	[ðə rest]
um e meio	**one and a half**	['wʌn ənd ə ˌhɑ:f]
dúzia (f)	**dozen**	['dʌzən]
ao meio	**in half**	[ɪn 'hɑ:f]
em partes iguais	**equally**	['i:kwəlɪ]
metade (f)	**half**	[hɑ:f]
vez (f)	**time**	[taɪm]

8. Os verbos mais importantes. Parte 1

abrir (vt)	**to open** (vt)	[tə 'əʊpən]
acabar, terminar (vt)	**to finish** (vt)	[tə 'fɪnɪʃ]
aconselhar (vt)	**to advise** (vt)	[tə əd'vaɪz]
adivinhar (vt)	**to guess** (vt)	[tə ges]
advertir (vt)	**to warn** (vt)	[tə wɔ:n]

ajudar (vt)	to help (vt)	[tə help]
almoçar (vi)	to have lunch	[tə hæv lʌntʃ]
alugar (~ um apartamento)	to rent (vt)	[tə rent]
amar (vt)	to love (vt)	[tə lʌv]
ameaçar (vt)	to threaten (vt)	[tə 'θretən]
anotar (escrever)	to write down	[tə ˌraɪt 'daʊn]
apanhar (vt)	to catch (vt)	[tə kætʃ]
apressar-se (vr)	to hurry (vi)	[tə 'hʌrɪ]
arrepender-se (vr)	to regret (vi)	[tə rɪ'gret]
assinar (vt)	to sign (vt)	[tə saɪn]
atirar, disparar (vi)	to shoot (vi)	[tə ʃuːt]
brincar (vi)	to joke (vi)	[tə dʒəʊk]
brincar, jogar (crianças)	to play (vi)	[tə pleɪ]
buscar (vt)	to look for ...	[tə lʊk fɔː(r)]
caçar (vi)	to hunt (vi, vt)	[tə hʌnt]
cair (vi)	to fall (vi)	[tə fɔːl]
cavar (vt)	to dig (vt)	[tə dɪg]
cessar (vt)	to stop (vt)	[tə stɒp]
chamar (~ por socorro)	to call (vt)	[tə kɔːl]
chegar (vi)	to arrive (vi)	[tə ə'raɪv]
chorar (vi)	to cry (vi)	[tə kraɪ]
começar (vt)	to begin (vt)	[tə bɪ'gɪn]
comparar (vt)	to compare (vt)	[tə kəm'peə(r)]
compreender (vt)	to understand (vt)	[tə ˌʌndə'stænd]
concordar (vi)	to agree (vi)	[tə ə'griː]
confiar (vt)	to trust (vt)	[tə trʌst]
confundir (equivocar-se)	to confuse, to mix up (vt)	[tə kən'fjuːz], [tə mɪks ʌp]
conhecer (vt)	to know (vt)	[tə nəʊ]
contar (fazer contas)	to count (vt)	[tə kaʊnt]
contar com (esperar)	to count on ...	[tə kaʊnt ɒn]
continuar (vt)	to continue (vt)	[tə kən'tɪnjuː]
controlar (vt)	to control (vt)	[tə kən'trəʊl]
convidar (vt)	to invite (vt)	[tə ɪn'vaɪt]
correr (vi)	to run (vi)	[tə rʌn]
criar (vt)	to create (vt)	[tə kriː'eɪt]
custar (vt)	to cost (vt)	[tə kɒst]

9. Os verbos mais importantes. Parte 2

dar (vt)	to give (vt)	[tə gɪv]
dar uma dica	to give a hint	[tə gɪv ə hɪnt]
decorar (enfeitar)	to decorate (vt)	[tə 'dekəreɪt]
defender (vt)	to defend (vt)	[tə dɪ'fend]
deixar cair (vt)	to drop (vt)	[tə drɒp]
descer (para baixo)	to come down	[tə kʌm daʊn]
desculpar (vt)	to excuse (vt)	[tə ɪk'skjuːz]
dirigir (~ uma empresa)	to run, to manage	[tə rʌn], [tə 'mænɪdʒ]

discutir (notícias, etc.)	to discuss (vt)	[tə dɪs'kʌs]
dizer (vt)	to say (vt)	[tə seɪ]
duvidar (vt)	to doubt (vi)	[tə daʊt]
enganar (vt)	to deceive (vi, vt)	[tə dɪ'si:v]
entrar (na sala, etc.)	to enter (vt)	[tə 'entə(r)]
enviar (uma carta)	to send (vt)	[tə send]
errar (equivocar-se)	to make a mistake	[tə meɪk ə mɪ'steɪk]
escolher (vt)	to choose (vt)	[tə ʧu:z]
esconder (vt)	to hide (vt)	[tə haɪd]
escrever (vt)	to write (vt)	[tə raɪt]
esperar (o autocarro, etc.)	to wait (vt)	[tə weɪt]
esperar (ter esperança)	to hope (vi, vt)	[tə həʊp]
esquecer (vt)	to forget (vi, vt)	[tə fə'get]
estudar (vt)	to study (vt)	[tə 'stʌdɪ]
exigir (vt)	to demand (vt)	[tə dɪ'mɑ:nd]
existir (vi)	to exist (vi)	[tə ɪg'zɪst]
explicar (vt)	to explain (vt)	[tə ɪk'spleɪn]
falar (vi)	to speak (vi, vt)	[tə spi:k]
faltar (clases, etc.)	to miss (vt)	[tə mɪs]
fazer (vt)	to do (vt)	[tə du:]
ficar em silêncio	to keep silent	[tə ki:p 'saɪlənt]
gabar-se, jactar-se (vr)	to boast (vi)	[tə bəʊst]
gostar (apreciar)	to fancy (vt)	[tə 'fænsɪ]
gritar (vi)	to shout (vi)	[tə ʃaʊt]
guardar (cartas, etc.)	to keep (vt)	[tə ki:p]
informar (vt)	to inform (vt)	[tə ɪn'fɔ:m]
insultar (vt)	to insult (vt)	[tə ɪn'sʌlt]
interessar-se (vr)	to be interested in ...	[tə bi 'ɪntrestɪd ɪn]
ir (a pé)	to go (vi)	[tə gəʊ]
ir nadar	to go for a swim	[tə gəʊ fɔrə swɪm]
jantar (vi)	to have dinner	[tə hæv 'dɪnə(r)]

10. Os verbos mais importantes. Parte 3

ler (vt)	to read (vi, vt)	[tə ri:d]
libertar (cidade, etc.)	to liberate (vt)	[tə 'lɪbəreɪt]
matar (vt)	to kill (vt)	[tə kɪl]
mencionar (vt)	to mention (vt)	[tə 'menʃən]
mostrar (vt)	to show (vt)	[tə ʃəʊ]
mudar (modificar)	to change (vt)	[tə ʧeɪndʒ]
nadar (vi)	to swim (vi)	[tə swɪm]
negar-se a ...	to refuse (vi, vt)	[tə rɪ'fju:z]
objetar (vt)	to object (vi, vt)	[tə əb'dʒekt]
observar (vt)	to observe (vt)	[tə əb'zɜ:v]
ordenar (mil.)	to order (vi, vt)	[tə 'ɔ:də(r)]
ouvir (vt)	to hear (vt)	[tə hɪə(r)]

| pagar (vt) | to pay (vi, vt) | [tə peɪ] |
| parar (vi) | to stop (vi) | [tə stɒp] |

participar (vi)	to participate (vi)	[tə pɑːˈtɪsɪpeɪt]
pedir (comida)	to order (vt)	[tə ˈɔːdə(r)]
pedir (um favor, etc.)	to ask (vt)	[tə ɑːsk]
pegar (tomar)	to take (vt)	[tə teɪk]
pensar (vt)	to think (vi, vt)	[tə θɪŋk]

perceber (ver)	to notice (vt)	[tə ˈnəʊtɪs]
perdoar (vt)	to forgive (vt)	[tə fəˈgɪv]
perguntar (vt)	to ask (vt)	[tə ɑːsk]
permitir (vt)	to permit (vt)	[tə pəˈmɪt]
pertencer a ...	to belong to ...	[tə bɪˈlɒŋ tuː]

planear (vt)	to plan (vt)	[tə plæn]
poder (vi)	can (v aux)	[kæn]
possuir (vt)	to own (vt)	[tə əʊn]
preferir (vt)	to prefer (vt)	[tə prɪˈfɜː(r)]
preparar (vt)	to cook (vt)	[tə kʊk]

prever (vt)	to expect (vt)	[tə ɪkˈspekt]
prometer (vt)	to promise (vt)	[tə ˈprɒmɪs]
pronunciar (vt)	to pronounce (vt)	[tə prəˈnaʊns]
propor (vt)	to propose (vt)	[tə prəˈpəʊz]
punir (castigar)	to punish (vt)	[tə ˈpʌnɪʃ]

11. Os verbos mais importantes. Parte 4

quebrar (vt)	to break (vt)	[tə breɪk]
queixar-se (vr)	to complain (vi, vt)	[tə kəmˈpleɪn]
querer (desejar)	to want (vt)	[tə wɒnt]
recomendar (vt)	to recommend (vt)	[tə ˌrekəˈmend]
repetir (dizer outra vez)	to repeat (vt)	[tə rɪˈpiːt]

repreender (vt)	to scold (vt)	[tə skəʊld]
reservar (~ um quarto)	to reserve, to book	[tə rɪˈzɜːv], [tə bʊk]
responder (vt)	to answer (vi, vt)	[tə ˈɑːnsə(r)]
rezar, orar (vi)	to pray (vi, vt)	[tə preɪ]
rir (vi)	to laugh (vi)	[tə lɑːf]

roubar (vt)	to steal (vt)	[tə stiːl]
saber (vt)	to know (vt)	[tə nəʊ]
sair (~ de casa)	to go out	[tə gəʊ aʊt]
salvar (vt)	to save, to rescue	[tə seɪv], [tə ˈreskjuː]
seguir ...	to follow ...	[tə ˈfɒləʊ]

sentar-se (vr)	to sit down (vi)	[tə sɪt daʊn]
ser necessário	to be needed	[tə bi ˈniːdɪd]
ser, estar	to be (vi)	[tə biː]
significar (vt)	to mean (vt)	[tə miːn]

| sorrir (vi) | to smile (vi) | [tə smaɪl] |
| subestimar (vt) | to underestimate (vt) | [tə ˌʌndəˈrestɪmeɪt] |

| surpreender-se (vr) | to be surprised | [tə bi sə'praɪzd] |
| tentar (vt) | to try (vt) | [tə traɪ] |

ter (vt)	to have (vt)	[tə hæv]
ter fome	to be hungry	[tə bi 'hʌŋgrɪ]
ter medo	to be afraid	[tə bi ə'freɪd]
ter sede	to be thirsty	[tə bi 'θɜ:stɪ]

tocar (com as mãos)	to touch (vt)	[tə tʌtʃ]
tomar o pequeno-almoço	to have breakfast	[tə hæv 'brekfəst]
trabalhar (vi)	to work (vi)	[tə wɜ:k]
traduzir (vt)	to translate (vt)	[tə træns'leɪt]
unir (vt)	to unite (vt)	[tə ju:'naɪt]

vender (vt)	to sell (vt)	[tə sel]
ver (vt)	to see (vt)	[tə si:]
virar (ex. ~ à direita)	to turn (vi)	[tə tɜ:n]
voar (vi)	to fly (vi)	[tə flaɪ]

12. Cores

cor (f)	colour	['kʌlə(r)]
matiz (m)	shade	[ʃeɪd]
tom (m)	hue	[hju:]
arco-íris (m)	rainbow	['reɪnbəʊ]

branco	white	[waɪt]
preto	black	[blæk]
cinzento	grey	[greɪ]

verde	green	[gri:n]
amarelo	yellow	['jeləʊ]
vermelho	red	[red]

azul	blue	[blu:]
azul claro	light blue	[ˌlaɪt 'blu:]
rosa	pink	[pɪŋk]
laranja	orange	['ɒrɪndʒ]
violeta	violet	['vaɪələt]
castanho	brown	[braʊn]

| dourado | golden | ['gəʊldən] |
| prateado | silvery | ['sɪlvərɪ] |

bege	beige	[beɪʒ]
creme	cream	[kri:m]
turquesa	turquoise	['tɜ:kwɔɪz]
vermelho cereja	cherry red	['tʃerɪ red]
lilás	lilac	['laɪlək]
carmesim	crimson	['krɪmzən]

claro	light	[laɪt]
escuro	dark	[dɑ:k]
vivo	bright	[braɪt]

de cor	**coloured**	['kʌləd]
a cores	**colour**	['kʌlə(r)]
preto e branco	**black-and-white**	[blæk ən waɪt]
unicolor	**plain, one-coloured**	[pleɪn], [ˌwʌn'kʌləd]
multicor	**multicoloured**	['mʌltɪˌkʌləd]

13. Questões

Quem?	**Who?**	[huː]
Que?	**What?**	[wɒt]
Onde?	**Where?**	[weə]
Para onde?	**Where?**	[weə]
De onde?	**From where?**	[frɒm weə]
Quando?	**When?**	[wen]
Para quê?	**Why?**	[waɪ]
Para quê?	**What for?**	[wɒt fɔː(r)]
Como?	**How?**	[haʊ]
Qual? (entre dois ou mais)	**Which?**	[wɪtʃ]
A quem?	**To whom?**	[tə huːm]
Sobre quem?	**About whom?**	[ə'baʊt ˌhuːm]
Do quê?	**About what?**	[ə'baʊt ˌwɒt]
Com quem?	**With whom?**	[wɪð 'huːm]
Quantos? -as?	**How many?**	[ˌhaʊ 'menɪ]
Quanto?	**How much?**	[ˌhaʊ 'mʌtʃ]
De quem?	**Whose?**	[huːz]

14. Palavras funcionais. Advérbios. Parte 1

Onde?	**Where?**	[weə]
aqui	**here**	[hɪə(r)]
lá, ali	**there**	[ðeə(r)]
em algum lugar	**somewhere**	['sʌmweə(r)]
em lugar nenhum	**nowhere**	['nəʊweə(r)]
ao pé de ...	**by**	[baɪ]
ao pé da janela	**by the window**	[baɪ ðə 'wɪndəʊ]
Para onde?	**Where?**	[weə]
para cá	**here**	[hɪə(r)]
para lá	**there**	[ðeə(r)]
daqui	**from here**	[frɒm hɪə(r)]
de lá, dali	**from there**	[frɒm ðeə(r)]
perto	**close**	[kləʊs]
longe	**far**	[fɑː(r)]
perto, não fica longe	**not far**	[nɒt fɑː(r)]
esquerdo	**left**	[left]

à esquerda	on the left	[ɒn ðə left]
para esquerda	to the left	[tə ðə left]
direito	right	[raɪt]
à direita	on the right	[ɒn ðə raɪt]
para direita	to the right	[tə ðə raɪt]
à frente	in front	[ɪn frʌnt]
da frente	front	[frʌnt]
em frente (para a frente)	ahead	[ə'hed]
atrás de …	behind	[bɪ'haɪnd]
por detrás (vir ~)	from behind	[frɒm bɪ'haɪnd]
para trás	back	[bæk]
meio (m), metade (f)	middle	['mɪdəl]
no meio	in the middle	[ɪn ðə 'mɪdəl]
de lado	at the side	[ət ðə saɪd]
em todo lugar	everywhere	['evrɪweə(r)]
ao redor (olhar ~)	around	[ə'raʊnd]
de dentro	from inside	[frɒm ɪn'saɪd]
para algum lugar	somewhere	['sʌmweə(r)]
diretamente	straight	[streɪt]
de volta	back	[bæk]
de algum lugar	from anywhere	[frɒm 'enɪweə(r)]
de um lugar	from somewhere	[frɒm 'sʌmweə(r)]
em primeiro lugar	firstly	['fɜːstlɪ]
em segundo lugar	secondly	['sekəndlɪ]
em terceiro lugar	thirdly	['θɜːdlɪ]
de repente	suddenly	['sʌdənlɪ]
no início	at first	[ət fɜːst]
pela primeira vez	for the first time	[fɔː ðə 'fɜːst ˌtaɪm]
muito antes de …	long before …	[lɒŋ bɪ'fɔː(r)]
para sempre	for good	[fɔː 'gʊd]
nunca	never	['nevə(r)]
de novo	again	[ə'gen]
agora	now	[naʊ]
frequentemente	often	['ɒfən]
então	then	[ðen]
urgentemente	urgently	['ɜːdʒəntlɪ]
usualmente	usually	['juːʒəlɪ]
a propósito, …	by the way, …	[baɪ ðə weɪ]
é possível	possibly	['pɒsəblɪ]
provavelmente	probably	['prɒbəblɪ]
talvez	maybe	['meɪbiː]
além disso, …	besides …	[bɪ'saɪdz]
por isso …	that's why …	[ðæts waɪ]
apesar de …	in spite of …	[ɪn 'spaɪt əv]
graças a …	thanks to …	['θæŋks tuː]

que (pron.)	what	[wɒt]
que (conj.)	that	[ðæt]
algo	something	['sʌmθɪŋ]
alguma coisa	anything, something	['enɪθɪŋ], ['sʌmθɪŋ]
nada	nothing	['nʌθɪŋ]

quem	who	[hu:]
alguém (~ teve uma ideia ...)	someone	['sʌmwʌn]
alguém	somebody	['sʌmbədɪ]

ninguém	nobody	['nəʊbədɪ]
para lugar nenhum	nowhere	['nəʊweə(r)]
de ninguém	nobody's	['nəʊbədɪz]
de alguém	somebody's	['sʌmbədɪz]

tão	so	[səʊ]
também (gostaria ~ de ...)	also	['ɔ:lsəʊ]
também (~ eu)	too	[tu:]

15. Palavras funcionais. Advérbios. Parte 2

Porquê?	Why?	[waɪ]
por alguma razão	for some reason	[fɔ: 'sʌm ˌri:zən]
porque ...	because ...	[bɪ'kɒz]

e (tu ~ eu)	and	[ænd]
ou (ser ~ não ser)	or	[ɔ:(r)]
mas (porém)	but	[bʌt]
para (~ a minha mãe)	for	[fɔ:r]

demasiado, muito	too	[tu:]
só, somente	only	['əʊnlɪ]
exatamente	exactly	[ɪg'zæktlɪ]
cerca de (~ 10 kg)	about	[ə'baʊt]

aproximadamente	approximately	[ə'prɒksɪmətlɪ]
aproximado	approximate	[ə'prɒksɪmət]
quase	almost	['ɔ:lməʊst]
resto (m)	the rest	[ðə rest]

o outro (segundo)	the other	[ðə ʌðə(r)]
outro	other	['ʌðə(r)]
cada	each	[i:tʃ]
qualquer	any	['enɪ]
muitos, muitas	many	['menɪ]
muito	much	[mʌtʃ]
muitas pessoas	many people	[ˌmenɪ 'pi:pəl]
todos	all	[ɔ:l]

em troca de ...	in return for ...	[ɪn rɪ't3:n fɔ:]
em troca	in exchange	[ɪn ɪks'tʃeɪndʒ]
à mão	by hand	[baɪ hænd]
pouco provável	hardly	['hɑ:dlɪ]
provavelmente	probably	['prɒbəblɪ]

de propósito	**on purpose**	[ɒn 'pɜːpəs]
por acidente	**by accident**	[baɪ 'æksɪdənt]
muito	**very**	['verɪ]
por exemplo	**for example**	[fɔːr ɪg'zɑːmpəl]
entre	**between**	[bɪ'twiːn]
entre (no meio de)	**among**	[ə'mʌŋ]
tanto	**so much**	[səʊ mʌtʃ]
especialmente	**especially**	[ɪ'speʃəlɪ]

Conceitos básicos. Parte 2

16. Opostos

rico	**rich**	[rɪtʃ]
pobre	**poor**	[pʊə(r)]
doente	**ill, sick**	[ɪl], [sɪk]
são	**well**	[wel]
grande	**big**	[bɪg]
pequeno	**small**	[smɔːl]
rapidamente	**quickly**	['kwɪklɪ]
lentamente	**slowly**	['sləʊlɪ]
rápido	**fast**	[fɑːst]
lento	**slow**	[sləʊ]
alegre	**glad**	[glæd]
triste	**sad**	[sæd]
juntos	**together**	[tə'geðə(r)]
separadamente	**separately**	['sepərətlɪ]
em voz alta (ler ~)	**aloud**	[ə'laʊd]
para si (em silêncio)	**silently**	['saɪləntlɪ]
alto	**tall**	[tɔːl]
baixo	**low**	[ləʊ]
profundo	**deep**	[diːp]
pouco fundo	**shallow**	['ʃæləʊ]
sim	**yes**	[jes]
não	**no**	[nəʊ]
distante (no espaço)	**distant**	['dɪstənt]
próximo	**nearby**	['nɪəbaɪ]
longe	**far**	[fɑː(r)]
perto	**nearby**	[ˌnɪə'baɪ]
longo	**long**	[lɒŋ]
curto	**short**	[ʃɔːt]
bom, bondoso	**good**	[gʊd]
mau	**evil**	['iːvəl]
casado	**married**	['mærɪd]

solteiro	**single**	['sɪŋgəl]

proibir (vt)	**to forbid** (vt)	[tə fə'bɪd]
permitir (vt)	**to permit** (vt)	[tə pə'mɪt]

fim (m)	**end**	[end]
começo (m)	**beginning**	[bɪ'gɪnɪŋ]

esquerdo	**left**	[left]
direito	**right**	[raɪt]

primeiro	**first**	[fɜːst]
último	**last**	[lɑːst]

crime (m)	**crime**	[kraɪm]
castigo (m)	**punishment**	['pʌnɪʃmənt]

ordenar (vt)	**to order** (vt)	[tə 'ɔːdə(r)]
obedecer (vt)	**to obey** (vi, vt)	[tə ə'beɪ]

reto	**straight**	[streɪt]
curvo	**curved**	[kɜːvd]

paraíso (m)	**paradise**	['pærədaɪs]
inferno (m)	**hell**	[hel]

nascer (vi)	**to be born**	[tə bi bɔːn]
morrer (vi)	**to die** (vi)	[tə daɪ]

forte	**strong**	[strɒŋ]
fraco, débil	**weak**	[wiːk]

idoso	**old**	[əʊld]
jovem	**young**	[jʌŋ]

velho	**old**	[əʊld]
novo	**new**	[njuː]

duro	**hard**	[hɑːd]
mole	**soft**	[sɒft]

tépido	**warm**	[wɔːm]
frio	**cold**	[kəʊld]

gordo	**fat**	[fæt]
magro	**thin**	[θɪn]

estreito	**narrow**	['nærəʊ]
largo	**wide**	[waɪd]

bom	**good**	[gʊd]
mau	**bad**	[bæd]

valente	**brave**	[breɪv]
cobarde	**cowardly**	['kaʊədlɪ]

17. Dias da semana

segunda-feira (f)	Monday	['mʌndɪ]
terça-feira (f)	Tuesday	['tjuːzdɪ]
quarta-feira (f)	Wednesday	['wenzdɪ]
quinta-feira (f)	Thursday	['θɜːzdɪ]
sexta-feira (f)	Friday	['fraɪdɪ]
sábado (m)	Saturday	['sætədɪ]
domingo (m)	Sunday	['sʌndɪ]

hoje	today	[tə'deɪ]
amanhã	tomorrow	[tə'mɒrəʊ]
depois de amanhã	the day after tomorrow	[ðə deɪ 'ɑːftə tə'mɒrəʊ]
ontem	yesterday	['jestədɪ]
anteontem	the day before yesterday	[ðə deɪ bɪ'fɔː 'jestədɪ]

dia (m)	day	[deɪ]
dia (m) de trabalho	working day	['wɜːkɪŋ deɪ]
feriado (m)	public holiday	['pʌblɪk 'hɒlɪdeɪ]
dia (m) de folga	day off	[ˌdeɪ'ɒf]
fim (m) de semana	weekend	[ˌwiːk'end]

o dia todo	all day long	[ɔːl 'deɪ ˌlɒŋ]
no dia seguinte	the next day	[ðə nekst deɪ]
há dois dias	two days ago	[tu deɪz ə'gəʊ]
na véspera	the day before	[ðə deɪ bɪ'fɔː(r)]
diário	daily	['deɪlɪ]
todos os dias	every day	[ˌevrɪ 'deɪ]

semana (f)	week	[wiːk]
na semana passada	last week	[ˌlɑːst 'wiːk]
na próxima semana	next week	[ˌnekst 'wiːk]
semanal	weekly	['wiːklɪ]
cada semana	every week	[ˌevrɪ 'wiːk]
duas vezes por semana	twice a week	[ˌtwaɪs ə 'wiːk]
cada terça-feira	every Tuesday	['evrɪ 'tjuːzdɪ]

18. Horas. Dia e noite

manhã (f)	morning	['mɔːnɪŋ]
de manhã	in the morning	[ɪn ðə 'mɔːnɪŋ]
meio-dia (m)	noon, midday	[nuːn], ['mɪddeɪ]
à tarde	in the afternoon	[ɪn ðə ˌɑːftə'nuːn]

noite (f)	evening	['iːvnɪŋ]
à noite (noitinha)	in the evening	[ɪn ðɪ 'iːvnɪŋ]
noite (f)	night	[naɪt]
à noite	at night	[ət naɪt]
meia-noite (f)	midnight	['mɪdnaɪt]

segundo (m)	second	['sekənd]
minuto (m)	minute	['mɪnɪt]
hora (f)	hour	['aʊə(r)]

meia hora (f)	half an hour	[ˌhɑːf ən ˈaʊə(r)]
quarto (m) de hora	a quarter-hour	[ə ˈkwɔːtərˈaʊə(r)]
quinze minutos	fifteen minutes	[fɪfˈtiːn ˈmɪnɪts]
vinte e quatro horas	twenty four hours	[ˈtwentɪ fɔːrˈaʊəz]

nascer (m) do sol	sunrise	[ˈsʌnraɪz]
amanhecer (m)	dawn	[dɔːn]
madrugada (f)	early morning	[ˈɜːlɪ ˈmɔːnɪŋ]
pôr do sol (m)	sunset	[ˈsʌnset]

de madrugada	early in the morning	[ˈɜːlɪ ɪn ðə ˈmɔːnɪŋ]
hoje de manhã	this morning	[ðɪs ˈmɔːnɪŋ]
amanhã de manhã	tomorrow morning	[təˈmɒrəʊ ˈmɔːnɪŋ]

hoje à tarde	this afternoon	[ðɪs ˌɑːftəˈnuːn]
à tarde	in the afternoon	[ɪn ðə ˌɑːftəˈnuːn]
amanhã à tarde	tomorrow afternoon	[təˈmɒrəʊ ˌɑːftəˈnuːn]

| hoje à noite | tonight | [təˈnaɪt] |
| amanhã à noite | tomorrow night | [təˈmɒrəʊ naɪt] |

às três horas em ponto	at 3 o'clock sharp	[ət θriː əˈklɒk ʃɑːp]
por volta das quatro	about 4 o'clock	[əˈbaʊt fɔːrəˈklɒk]
às doze	by 12 o'clock	[baɪ twelv əˈklɒk]

dentro de vinte minutos	in 20 minutes	[ɪn ˈtwentɪ ˌmɪnɪts]
dentro duma hora	in an hour	[ɪn ən ˈaʊə(r)]
a tempo	on time	[ɒn ˈtaɪm]

menos um quarto	a quarter to …	[ə ˈkwɔːtə tə]
durante uma hora	within an hour	[wɪˈðɪn æn ˈaʊə(r)]
a cada quinze minutos	every 15 minutes	[ˈevrɪ fɪfˈtiːn ˈmɪnɪts]
as vinte e quatro horas	round the clock	[ˈraʊnd ðə ˌklɒk]

19. Meses. Estações

janeiro (m)	January	[ˈdʒænjʊərɪ]
fevereiro (m)	February	[ˈfebrʊərɪ]
março (m)	March	[mɑːtʃ]
abril (m)	April	[ˈeɪprəl]
maio (m)	May	[meɪ]
junho (m)	June	[dʒuːn]

julho (m)	July	[dʒuːˈlaɪ]
agosto (m)	August	[ˈɔːgəst]
setembro (m)	September	[sepˈtembə(r)]
outubro (m)	October	[ɒkˈtəʊbə(r)]
novembro (m)	November	[nəʊˈvembə(r)]
dezembro (m)	December	[dɪˈsembə(r)]

primavera (f)	spring	[sprɪŋ]
na primavera	in spring	[ɪn sprɪŋ]
primaveril	spring	[sprɪŋ]
verão (m)	summer	[ˈsʌmə(r)]

| no verão | in summer | [ɪn 'sʌmə(r)] |
| de verão | summer | ['sʌmə(r)] |

outono (m)	autumn	['ɔːtəm]
no outono	in autumn	[ɪn 'ɔːtəm]
outonal	autumn	['ɔːtəm]

inverno (m)	winter	['wɪntə(r)]
no inverno	in winter	[ɪn 'wɪntə(r)]
de inverno	winter	['wɪntə(r)]

mês (m)	month	[mʌnθ]
este mês	this month	[ðɪs mʌnθ]
no próximo mês	next month	[ˌnekst 'mʌnθ]
no mês passado	last month	[ˌlɑːst 'mʌnθ]

há um mês	a month ago	[əˌmʌnθ ə'gəʊ]
dentro de um mês	in a month	[ɪn ə 'mʌnθ]
dentro de dois meses	in two months	[ɪn ˌtuː 'mʌnθs]
todo o mês	the whole month	[ðə ˌhəʊl 'mʌnθ]
um mês inteiro	all month long	[ɔːl 'mʌnθ ˌlɒŋ]
mensal	monthly	['mʌnθlɪ]
mensalmente	monthly	['mʌnθlɪ]
cada mês	every month	[ˌevrɪ 'mʌnθ]
duas vezes por mês	twice a month	[ˌtwaɪs ə 'mʌnθ]

ano (m)	year	[jɪə(r)]
este ano	this year	[ðɪs jɪə(r)]
no próximo ano	next year	[ˌnekst 'jɪə(r)]
no ano passado	last year	[ˌlɑːst 'jɪə(r)]

há um ano	a year ago	[ə jɪərə'gəʊ]
dentro dum ano	in a year	[ɪn ə 'jɪə(r)]
dentro de 2 anos	in two years	[ɪn ˌtuː 'jɪəz]
todo o ano	the whole year	[ðə ˌhəʊl 'jɪə(r)]
um ano inteiro	all year long	[ɔːl 'jɪə ˌlɒŋ]

cada ano	every year	[ˌevrɪ 'jɪə(r)]
anual	annual	['ænjʊəl]
anualmente	annually	['ænjʊəlɪ]
quatro vezes por ano	4 times a year	[fɔː taɪmz əˌjɪər]

data (~ de hoje)	date	[deɪt]
data (ex. ~ de nascimento)	date	[deɪt]
calendário (m)	calendar	['kælɪndə(r)]

meio ano	half a year	[ˌhɑːf ə 'jɪə(r)]
seis meses	six months	[sɪks mʌnθs]
estação (f)	season	['siːzən]

20. Tempo. Diversos

| tempo (m) | time | [taɪm] |
| momento (m) | moment | ['məʊmənt] |

instante (m)	instant	['ɪnstənt]
instantâneo	instant	['ɪnstənt]
lapso (m) de tempo	lapse	[læps]
vida (f)	life	[laɪf]
eternidade (f)	eternity	[ɪ'tɜːnətɪ]

época (f)	epoch	['iːpɒk]
era (f)	era	['ɪərə]
ciclo (m)	cycle	['saɪkəl]
período (m)	period	['pɪərɪəd]
prazo (m)	term	[tɜːm]

futuro (m)	the future	[ðə 'fjuːtʃə(r)]
futuro	future	['fjuːtʃə(r)]
da próxima vez	next time	[ˌnekst 'taɪm]
passado (m)	the past	[ðə pɑːst]
passado	past	[pɑːst]
na vez passada	last time	[ˌlɑːst 'taɪm]
mais tarde	later	['leɪtə(r)]
depois	after	['ɑːftə(r)]
atualmente	nowadays	['naʊədeɪz]
agora	now	[naʊ]
imediatamente	immediately	[ɪ'miːdjətlɪ]
em breve, brevemente	soon	[suːn]
de antemão	in advance	[ɪn əd'vɑːns]

há muito tempo	a long time ago	[əˌlɒŋ 'taɪm ə'gəʊ]
há pouco tempo	recently	['riːsəntlɪ]
destino (m)	destiny	['destɪnɪ]
recordações (f pl)	recollections	[ˌrekə'lekʃənz]
arquivo (m)	archives	['ɑːkaɪvz]
durante ...	during ...	['djʊərɪŋ]
durante muito tempo	long, a long time	[lɒŋ], [ə lɒŋ taɪm]
pouco tempo	not long	[nɒt lɒŋ]
cedo (levantar-se ~)	early	['ɜːlɪ]
tarde (deitar-se ~)	late	[leɪt]

para sempre	forever	[fə'revə(r)]
começar (vt)	to start (vt)	[tə stɑːt]
adiar (vt)	to postpone (vt)	[tə ˌpəʊst'pəʊn]

simultaneamente	at the same time	[ət ðə 'seɪm ˌtaɪm]
permanentemente	permanently	['pɜːmənəntlɪ]
constante (ruído, etc.)	constant	['kɒnstənt]
temporário	temporary	['tempərərɪ]

às vezes	sometimes	['sʌmtaɪmz]
raramente	rarely	['reəlɪ]
frequentemente	often	['ɒfən]

21. Linhas e formas

| quadrado (m) | square | [skweə(r)] |
| quadrado | square | [skweə(r)] |

círculo (m)	circle	['sɜːkəl]
redondo	round	[raʊnd]
triângulo (m)	triangle	['traɪæŋgəl]
triangular	triangular	[traɪ'æŋgjʊlə(r)]

oval (f)	oval	['əʊvəl]
oval	oval	['əʊvəl]
retângulo (m)	rectangle	['rek,tæŋgəl]
retangular	rectangular	[,rek'tæŋgjʊlə(r)]

pirâmide (f)	pyramid	['pɪrəmɪd]
rombo, losango (m)	rhombus	['rɒmbəs]
trapézio (m)	trapezium	[trə'piːzɪəm]
cubo (m)	cube	[kjuːb]
prisma (m)	prism	['prɪzəm]

circunferência (f)	circumference	[sə'kʌmfərəns]
esfera (f)	sphere	[sfɪə(r)]
globo (m)	ball	[bɔːl]
diâmetro (m)	diameter	[daɪ'æmɪtə(r)]
raio (m)	radius	['reɪdɪəs]
perímetro (m)	perimeter	[pə'rɪmɪtə(r)]
centro (m)	centre	['sentə(r)]

horizontal	horizontal	[,hɒrɪ'zɒntəl]
vertical	vertical	['vɜːtɪkəl]
paralela (f)	parallel	['pærəlel]
paralelo	parallel	['pærəlel]

linha (f)	line	[laɪn]
traço (m)	stroke	[strəʊk]
reta (f)	straight line	['streɪt ,laɪn]
curva (f)	curve	[kɜːv]
fino (linha ~a)	thin	[θɪn]
contorno (m)	contour	['kɒntʊə(r)]

interseção (f)	intersection	[,ɪntə'sekʃən]
ângulo (m) reto	right angle	[raɪt 'æŋgəl]
segmento (m)	segment	['segmənt]
setor (m)	sector	['sektə(r)]
lado (de um triângulo, etc.)	side	[saɪd]
ângulo (m)	angle	['æŋgəl]

22. Unidades de medida

peso (m)	weight	[weɪt]
comprimento (m)	length	[leŋθ]
largura (f)	width	[wɪdθ]
altura (f)	height	[haɪt]
profundidade (f)	depth	[depθ]
volume (m)	volume	['vɒljuːm]
área (f)	area	['eərɪə]
grama (m)	gram	[græm]
miligrama (m)	milligram	['mɪlɪgræm]

quilograma (m)	kilogram	['kıləˌgræm]
tonelada (f)	ton	[tʌn]
libra (453,6 gramas)	pound	[paʊnd]
onça (f)	ounce	[aʊns]

metro (m)	metre	['miːtə(r)]
milímetro (m)	millimetre	['mılıˌmiːtə(r)]
centímetro (m)	centimetre	['sentıˌmiːtə(r)]
quilómetro (m)	kilometre	['kıləˌmiːtə(r)]
milha (f)	mile	[maıl]

polegada (f)	inch	[ıntʃ]
pé (304,74 mm)	foot	[fʊt]
jarda (914,383 mm)	yard	[jɑːd]

metro (m) quadrado	square metre	[skweə 'miːtə(r)]
hectare (m)	hectare	['hekteə(r)]

litro (m)	litre	['liːtə(r)]
grau (m)	degree	[dı'griː]
volt (m)	volt	[vəʊlt]
ampere (m)	ampere	['æmpeə(r)]
cavalo-vapor (m)	horsepower	['hɔːsˌpaʊə(r)]

quantidade (f)	quantity	['kwɒntıtı]
um pouco de ...	a little bit of ...	[ə 'lıtəl bıt əv]
metade (f)	half	[hɑːf]
dúzia (f)	dozen	['dʌzən]
peça (f)	piece	[piːs]

dimensão (f)	size	[saız]
escala (f)	scale	[skeıl]

mínimo	minimal	['mınıməl]
menor, mais pequeno	the smallest	[ðə 'smɔːləst]
médio	medium	['miːdıəm]
máximo	maximal	['mæksıməl]
maior, mais grande	the largest	[ðə 'lɑːdʒıst]

23. Recipientes

boião (m) de vidro	jar	[dʒɑː(r)]
lata (~ de cerveja)	tin	[tın]
balde (m)	bucket	['bʌkıt]
barril (m)	barrel	['bærəl]

bacia (~ de plástico)	basin	['beısən]
tanque (m)	tank	[tæŋk]
cantil (m) de bolso	hip flask	[hıp flɑːsk]
bidão (m) de gasolina	jerrycan	['dʒerıkæn]
cisterna (f)	tank	[tæŋk]

caneca (f)	mug	[mʌg]
chávena (f)	cup	[kʌp]

pires (m)	saucer	['sɔ:sə(r)]
copo (m)	glass	[glɑ:s]
taça (f) de vinho	glass	[glɑ:s]
panela, caçarola (f)	stock pot	[stɒk pɒt]

garrafa (f)	bottle	['bɒtəl]
gargalo (m)	neck	[nek]

jarro, garrafa (f)	carafe	[kə'ræf]
jarro (m) de barro	jug	[dʒʌg]
recipiente (m)	vessel	['vesəl]
pote (m)	pot	[pɒt]
vaso (m)	vase	[vɑ:z]

frasco (~ de perfume)	bottle	['bɒtəl]
frasquinho (ex. ~ de iodo)	vial, small bottle	['vaɪəl], [smɔ:l 'bɒtəl]
tubo (~ de pasta dentífrica)	tube	[tju:b]

saca (ex. ~ de açúcar)	sack	[sæk]
saco (~ de plástico)	bag	[bæg]
maço (m)	packet	['pækɪt]

caixa (~ de sapatos, etc.)	box	[bɒks]
caixa (~ de madeira)	box	[bɒks]
cesta (f)	basket	['bɑ:skɪt]

24. Materiais

material (m)	material	[mə'tɪərɪəl]
madeira (f)	wood	[wʊd]
de madeira	wooden	['wʊdən]

vidro (m)	glass	[glɑ:s]
de vidro	glass	[glɑ:s]

pedra (f)	stone	[stəʊn]
de pedra	stone	[stəʊn]

plástico (m)	plastic	['plæstɪk]
de plástico	plastic	['plæstɪk]

borracha (f)	rubber	['rʌbə(r)]
de borracha	rubber	['rʌbə(r)]

tecido, pano (m)	material, fabric	[mə'tɪərɪəl], ['fæbrɪk]
de tecido	fabric	['fæbrɪk]

papel (m)	paper	['peɪpə(r)]
de papel	paper	['peɪpə(r)]

cartão (m)	cardboard	['kɑ:dbɔ:d]
de cartão	cardboard	['kɑ:dbɔ:d]
polietileno (m)	polyethylene	[ˌpɒlɪ'eθɪli:n]
celofane (m)	cellophane	['seləfeɪn]

linóleo (m)	**linoleum**	[lɪˈnəʊljəm]
contraplacado (m)	**plywood**	[ˈplaɪwʊd]
porcelana (f)	**porcelain**	[ˈpɔːsəlɪn]
de porcelana	**porcelain**	[ˈpɔːsəlɪn]
barro (f)	**clay**	[kleɪ]
de barro	**clay**	[kleɪ]
cerâmica (f)	**ceramic**	[sɪˈræmɪk]
de cerâmica	**ceramic**	[sɪˈræmɪk]

25. Metais

metal (m)	**metal**	[ˈmetəl]
metálico	**metal**	[ˈmetəl]
liga (f)	**alloy**	[ˈælɔɪ]
ouro (m)	**gold**	[gəʊld]
de ouro	**gold, golden**	[gəʊld], [ˈgəʊldən]
prata (f)	**silver**	[ˈsɪlvə(r)]
de prata	**silver**	[ˈsɪlvə(r)]
ferro (m)	**iron**	[ˈaɪən]
de ferro	**iron-, made of iron**	[ˈaɪrən], [meɪd əv ˈaɪrən]
aço (m)	**steel**	[stiːl]
de aço	**steel**	[stiːl]
cobre (m)	**copper**	[ˈkɒpə(r)]
de cobre	**copper**	[ˈkɒpə(r)]
alumínio (m)	**aluminium**	[ˌæljʊˈmɪnɪəm]
de alumínio	**aluminium**	[ˌæljʊˈmɪnɪəm]
bronze (m)	**bronze**	[brɒnz]
de bronze	**bronze**	[brɒnz]
latão (m)	**brass**	[brɑːs]
níquel (m)	**nickel**	[ˈnɪkəl]
platina (f)	**platinum**	[ˈplætɪnəm]
mercúrio (m)	**mercury**	[ˈmɜːkjʊrɪ]
estanho (m)	**tin**	[tɪn]
chumbo (m)	**lead**	[led]
zinco (m)	**zinc**	[zɪŋk]

O SER HUMANO

O ser humano. O corpo

26. Humanos. Conceitos básicos

ser (m) humano	human being	['hju:mən 'bi:ɪŋ]
homem (m)	man	[mæn]
mulher (f)	woman	['wʊmən]
criança (f)	child	[ʧaɪld]
menina (f)	girl	[gɜ:l]
menino (m)	boy	[bɔɪ]
adolescente (m)	teenager	['ti:n͵eɪʤə(r)]
velho (m)	old man	['əʊld ͵mæn]
velha, anciã (f)	old woman	['əʊld ͵wʊmən]

27. Anatomia humana

organismo (m)	organism	['ɔ:gənɪzəm]
coração (m)	heart	[hɑ:t]
sangue (m)	blood	[blʌd]
artéria (f)	artery	['ɑ:tərɪ]
veia (f)	vein	[veɪn]
cérebro (m)	brain	[breɪn]
nervo (m)	nerve	[nɜ:v]
nervos (m pl)	nerves	[nɜ:vz]
vértebra (f)	vertebra	['vɜ:tɪbrə]
coluna (f) vertebral	spine, backbone	[spaɪn], ['bækbəʊn]
estômago (m)	stomach	['stʌmək]
intestinos (m pl)	intestines, bowels	[ɪn'testɪnz], ['baʊəlz]
intestino (m)	intestine	[ɪn'testɪn]
fígado (m)	liver	['lɪvə(r)]
rim (m)	kidney	['kɪdnɪ]
osso (m)	bone	[bəʊn]
esqueleto (m)	skeleton	['skelɪtən]
costela (f)	rib	[rɪb]
crânio (m)	skull	[skʌl]
músculo (m)	muscle	['mʌsəl]
bíceps (m)	biceps	['baɪseps]
tríceps (m)	triceps	['traɪseps]
tendão (m)	tendon	['tendən]
articulação (f)	joint	[ʤɔɪnt]

pulmões (m pl)	lungs	[lʌŋz]
órgãos (m pl) genitais	genitals	['dʒenɪtəlz]
pele (f)	skin	[skɪn]

28. Cabeça

cabeça (f)	head	[hed]
cara (f)	face	[feɪs]
nariz (m)	nose	[nəʊz]
boca (f)	mouth	[maʊθ]

olho (m)	eye	[aɪ]
olhos (m pl)	eyes	[aɪz]
pupila (f)	pupil	['pju:pəl]
sobrancelha (f)	eyebrow	['aɪbraʊ]
pestana (f)	eyelash	['aɪlæʃ]
pálpebra (f)	eyelid	['aɪlɪd]

língua (f)	tongue	[tʌŋ]
dente (m)	tooth	[tu:θ]
lábios (m pl)	lips	[lɪps]
maçãs (f pl) do rosto	cheekbones	['tʃi:kbəʊnz]
gengiva (f)	gum	[gʌm]
palato (m)	palate	['pælət]

narinas (f pl)	nostrils	['nɒstrɪlz]
queixo (m)	chin	[tʃɪn]
mandíbula (f)	jaw	[dʒɔ:]
bochecha (f)	cheek	[tʃi:k]

testa (f)	forehead	['fɔ:hed]
têmpora (f)	temple	['tempəl]
orelha (f)	ear	[ɪə(r)]
nuca (f)	back of the head	['bæk əv ðə ˌhed]
pescoço (m)	neck	[nek]
garganta (f)	throat	[θrəʊt]

cabelos (m pl)	hair	[heə(r)]
penteado (m)	hairstyle	['heəstaɪl]
corte (m) de cabelo	haircut	['heəkʌt]
peruca (f)	wig	[wɪg]

bigode (m)	moustache	[mə'stɑ:ʃ]
barba (f)	beard	[bɪəd]
usar, ter (~ barba, etc.)	to have (vt)	[tə hæv]
trança (f)	plait	[plæt]
suíças (f pl)	sideboards	['saɪdbɔ:dz]

ruivo	red-haired	['red ˌheəd]
grisalho	grey	[greɪ]
calvo	bald	[bɔ:ld]
calva (f)	bald patch	[bɔ:ld pætʃ]
rabo-de-cavalo (m)	ponytail	['pəʊnɪteɪl]
franja (f)	fringe	[frɪndʒ]

29. Corpo humano

| mão (f) | hand | [hænd] |
| braço (m) | arm | [ɑ:m] |

dedo (m)	finger	['fɪŋgə(r)]
polegar (m)	thumb	[θʌm]
dedo (m) mindinho	little finger	[ˌlɪtəl 'fɪŋgə(r)]
unha (f)	nail	[neɪl]

punho (m)	fist	[fɪst]
palma (f) da mão	palm	[pɑ:m]
pulso (m)	wrist	[rɪst]
antebraço (m)	forearm	['fɔ:rˌɑ:m]
cotovelo (m)	elbow	['elbəʊ]
ombro (m)	shoulder	['ʃəʊldə(r)]

perna (f)	leg	[leg]
pé (m)	foot	[fʊt]
joelho (m)	knee	[ni:]
barriga (f) da perna	calf	[kɑ:f]
anca (f)	hip	[hɪp]
calcanhar (m)	heel	[hi:l]

corpo (m)	body	['bɒdɪ]
barriga (f)	stomach	['stʌmək]
peito (m)	chest	[ʧest]
seio (m)	breast	[brest]
lado (m)	flank	[flæŋk]
costas (f pl)	back	[bæk]
região (f) lombar	lower back	['ləʊə bæk]
cintura (f)	waist	[weɪst]

umbigo (m)	navel, belly button	['neɪvəl], ['belɪ 'bʌtən]
nádegas (f pl)	buttocks	['bʌtəks]
traseiro (m)	bottom	['bɒtəm]

sinal (m)	beauty spot	['bju:tɪ spɒt]
tatuagem (f)	tattoo	[tə'tu:]
cicatriz (f)	scar	[skɑ:(r)]

Vestuário & Acessórios

30. Roupa exterior. Casacos

roupa (f)	clothes	[kləʊðz]
roupa (f) exterior	outerwear	['aʊtəweə(r)]
roupa (f) de inverno	winter clothing	['wɪntə 'kləʊðɪŋ]
sobretudo (m)	coat, overcoat	[kəʊt], ['əʊvəkəʊt]
casaco (m) de peles	fur coat	['fɜː͵kəʊt]
casaco curto (m) de peles	fur jacket	['fɜː 'dʒækɪt]
casaco (m) acolchoado	down coat	['daʊn ͵kəʊt]
casaco, blusão (m)	jacket	['dʒækɪt]
impermeável (m)	raincoat	['reɪnkəʊt]
impermeável	waterproof	['wɔːtəpruːf]

31. Vestuário de homem & mulher

camisa (f)	shirt	[ʃɜːt]
calças (f pl)	trousers	['traʊzəz]
calças (f pl) de ganga	jeans	[dʒiːnz]
casaco (m) de fato	jacket	['dʒækɪt]
fato (m)	suit	[suːt]
vestido (ex. ~ vermelho)	dress	[dres]
saia (f)	skirt	[skɜːt]
blusa (f)	blouse	[blaʊz]
casaco (m) de malha	knitted jacket	['nɪtɪd 'dʒækɪt]
casaco, blazer (m)	jacket	['dʒækɪt]
T-shirt, camiseta (f)	T-shirt	['tiː ͵ʃɜːt]
calções (Bermudas, etc.)	shorts	[ʃɔːts]
fato (m) de treino	tracksuit	['træksuːt]
roupão (m) de banho	bathrobe	['bɑːθrəʊb]
pijama (m)	pyjamas	[pə'dʒɑːməz]
suéter (m)	sweater, jumper	['swetə(r)], ['dʒʌmpə(r)]
pulôver (m)	pullover	['pʊl͵əʊvə(r)]
colete (m)	waistcoat	['weɪskəʊt]
fraque (m)	tailcoat	[͵teɪl'kəʊt]
smoking (m)	dinner suit	['dɪnə suːt]
uniforme (m)	uniform	['juːnɪfɔːm]
roupa (f) de trabalho	workwear	[wɜːkweə(r)]
fato-macaco (m)	boiler suit	['bɔɪlə suːt]
bata (~ branca, etc.)	coat	[kəʊt]

32. Vestuário. Roupa interior

roupa (f) interior	underwear	['ʌndəweə(r)]
camisola (f) interior	vest	[vest]
peúgas (f pl)	socks	[sɒks]
camisa (f) de noite	nightdress	['naɪtdres]
sutiã (m)	bra	[brɑ:]
meias longas (f pl)	knee highs	['ni: ˌhaɪs]
meia-calça (f)	tights	[taɪts]
meias (f pl)	stockings	['stɒkɪŋz]
fato (m) de banho	swimsuit, bikini	['swɪmsu:t], [bɪ'ki:nɪ]

33. Adereços de cabeça

chapéu (m)	hat	[hæt]
chapéu (m) de feltro	trilby hat	['trɪlbɪ hæt]
boné (m) de beisebol	baseball cap	['beɪsbɔ:l kæp]
boné (m)	flatcap	[flæt kæp]
boina (f)	beret	['bereɪ]
capuz (m)	hood	[hʊd]
panamá (m)	panama	['pænəmɑ:]
gorro (m) de malha	knit cap, knitted hat	[nɪt kæp], ['nɪtɪdˌhæt]
lenço (m)	headscarf	['hedskɑ:f]
chapéu (m) de mulher	women's hat	['wɪmɪns hæt]
capacete (m) de proteção	hard hat	[hɑ:d hæt]
bibico (m)	forage cap	['fɒrɪdʒ kæp]
capacete (m)	helmet	['helmɪt]
chapéu-coco (m)	bowler	['bəʊlə(r)]
chapéu (m) alto	top hat	[tɒp hæt]

34. Calçado

calçado (m)	footwear	['fʊtweə(r)]
botinas (f pl)	shoes	[ʃu:z]
sapatos (de salto alto, etc.)	shoes	[ʃu:z]
botas (f pl)	boots	[bu:ts]
pantufas (f pl)	slippers	['slɪpəz]
ténis (m pl)	trainers	['treɪnəz]
sapatilhas (f pl)	trainers	['treɪnəz]
sandálias (f pl)	sandals	['sændəlz]
sapateiro (m)	cobbler, shoe repairer	['kɒblə(r)], [ʃu: rɪ'peərə(r)]
salto (m)	heel	[hi:l]
par (m)	pair	[peə(r)]
atacador (m)	shoelace	['ʃu:leɪs]

apertar os atacadores	to lace up (vt)	[tə leɪs ʌp]
calçadeira (f)	shoehorn	['ʃuːhɔːn]
graxa (f) para calçado	shoe polish	[ʃuː 'pɒlɪʃ]

35. Têxtil. Tecidos

| algodão (m) | cotton | ['kɒtən] |
| linho (m) | flax | [flæks] |

seda (f)	silk	[sɪlk]
de seda	silk	[sɪlk]
lã (f)	wool	[wʊl]
de lã	wool	[wʊl]

veludo (m)	velvet	['velvɪt]
camurça (f)	suede	[sweɪd]
bombazina (f)	corduroy	['kɔːdərɔɪ]

náilon (m)	nylon	['naɪlɒn]
de náilon	nylon	['naɪlɒn]
poliéster (m)	polyester	[ˌpɒlɪ'estə(r)]
de poliéster	polyester	[ˌpɒlɪ'estə(r)]

couro (m)	leather	['leðə(r)]
de couro	leather	['leðə(r)]
pele (f)	fur	[fɜː(r)]
de peles, de pele	fur	[fɜː(r)]

36. Acessórios pessoais

luvas (f pl)	gloves	[glʌvz]
mitenes (f pl)	mittens	['mɪtənz]
cachecol (m)	scarf	[skɑːf]

óculos (m pl)	glasses	[glɑːsɪz]
armação (f) de óculos	frame	[freɪm]
guarda-chuva (m)	umbrella	[ʌm'brelə]
bengala (f)	walking stick	['wɔːkɪŋ stɪk]
escova (f) para o cabelo	hairbrush	['heəbrʌʃ]
leque (m)	fan	[fæn]

gravata (f)	tie	[taɪ]
gravata-borboleta (f)	bow tie	[bəʊ taɪ]
suspensórios (m pl)	braces	['breɪsɪz]
lenço (m)	handkerchief	['hæŋkətʃɪf]

pente (m)	comb	[kəʊm]
travessão (m)	hair slide	['heəˌslaɪd]
gancho (m) de cabelo	hairpin	['heəpɪn]
fivela (f)	buckle	['bʌkəl]
cinto (m)	belt	[belt]
correia (f)	shoulder strap	['ʃəʊldə stræp]

mala (f)	**bag**	[bæg]
mala (f) de senhora	**handbag**	['hændbæg]
mochila (f)	**rucksack**	['rʌksæk]

37. Vestuário. Diversos

moda (f)	**fashion**	['fæʃən]
na moda	**in vogue**	[ɪn vəʊg]
estilista (m)	**fashion designer**	['fæʃən dɪ'zaɪnə(r)]

colarinho (m), gola (f)	**collar**	['kɒlə(r)]
bolso (m)	**pocket**	['pɒkɪt]
de bolso	**pocket**	['pɒkɪt]
manga (f)	**sleeve**	[sli:v]
alcinha (f)	**hanging loop**	['hæŋɪŋ lu:p]
braguilha (f)	**flies**	[flaɪz]

fecho (m) de correr	**zip**	[zɪp]
fecho (m), colchete (m)	**fastener**	['fɑ:sənə(r)]
botão (m)	**button**	['bʌtən]
casa (f) de botão	**buttonhole**	['bʌtənhəʊl]
soltar-se (vr)	**to come off**	[tə kʌm ɒf]

coser, costurar (vi)	**to sew** (vi, vt)	[tə səʊ]
bordar (vt)	**to embroider** (vi, vt)	[tə ɪm'brɔɪdə(r)]
bordado (m)	**embroidery**	[ɪm'brɔɪdərɪ]
agulha (f)	**sewing needle**	['ni:dəl]
fio (m)	**thread**	[θred]
costura (f)	**seam**	[si:m]

sujar-se (vr)	**to get dirty** (vi)	[tə get 'dɜ:tɪ]
mancha (f)	**stain**	[steɪn]
engelhar-se (vr)	**to crease, crumple** (vi)	[tə kri:s], ['krʌmpəl]
rasgar (vt)	**to tear, to rip** (vt)	[tə teər], [tə rɪp]
traça (f)	**clothes moth**	[kləʊðz mɒθ]

38. Cuidados pessoais. Cosméticos

pasta (f) de dentes	**toothpaste**	['tu:θpeɪst]
escova (f) de dentes	**toothbrush**	['tu:θbrʌʃ]
escovar os dentes	**to clean one's teeth**	[tə kli:n wʌns 'ti:θ]

máquina (f) de barbear	**razor**	['reɪzə(r)]
creme (m) de barbear	**shaving cream**	['ʃeɪvɪŋ ‚kri:m]
barbear-se (vr)	**to shave** (vi)	[tə ʃeɪv]

sabonete (m)	**soap**	[səʊp]
champô (m)	**shampoo**	[ʃæm'pu:]

tesoura (f)	**scissors**	['sɪzəz]
lima (f) de unhas	**nail file**	['neɪl ‚faɪl]
corta-unhas (m)	**nail clippers**	[neɪl 'klɪpərz]

pinça (f)	tweezers	['twi:zəz]
cosméticos (m pl)	cosmetics	[kɒz'metıks]
máscara (f) facial	face mask	[feıs mɑ:sk]
manicura (f)	manicure	['mænı‚kjʊə(r)]
fazer a manicura	to have a manicure	[tə hævə 'mænı‚kjʊə]
pedicure (f)	pedicure	['pedı‚kjʊə(r)]

mala (f) de maquilhagem	make-up bag	['meık ʌp ‚bæg]
pó (m)	face powder	[feıs 'paʊdə(r)]
caixa (f) de pó	powder compact	['paʊdə 'kɒmpækt]
blush (m)	blusher	['blʌʃə(r)]

perfume (m)	perfume	['pɜ:fju:m]
água (f) de toilette	toilet water	['tɔılıt 'wɔ:tə(r)]
loção (f)	lotion	['ləʊʃən]
água-de-colónia (f)	cologne	[kə'ləʊn]

sombra (f) de olhos	eyeshadow	['aıʃædəʊ]
lápis (m) delineador	eyeliner	['aı‚laınə(r)]
máscara (f), rímel (m)	mascara	[mæs'kɑ:rə]

batom (m)	lipstick	['lıpstık]
verniz (m) de unhas	nail polish	['neıl ‚pɒlıʃ]
laca (f) para cabelos	hair spray	['heəspreı]
desodorizante (m)	deodorant	[di:'əʊdərənt]

creme (m)	cream	[kri:m]
creme (m) de rosto	face cream	['feıs ‚kri:m]
creme (m) de mãos	hand cream	['hænd‚kri:m]
creme (m) antirrugas	anti-wrinkle cream	['æntı 'rıŋkəl kri:m]
creme (m) de dia	day cream	['deı ‚kri:m]
creme (m) de noite	night cream	['naıt ‚kri:m]

tampão (m)	tampon	['tæmpɒn]
papel (m) higiénico	toilet paper	['tɔılıt 'peıpə(r)]
secador (m) elétrico	hair dryer	['heə‚draıə(r)]

39. Joalheria

joias (f pl)	jewellery	['dʒu:əlrı]
precioso	precious	['preʃəs]
marca (f) de contraste	hallmark stamp	['hɔ:lmɑ:k stæmp]

anel (m)	ring	[rıŋ]
aliança (f)	wedding ring	['wedıŋ rıŋ]
pulseira (f)	bracelet	['breıslıt]

brincos (m pl)	earrings	['ıərıŋz]
colar (m)	necklace	['neklıs]
coroa (f)	crown	[kraʊn]
colar (m) de contas	bead necklace	[bi:d 'neklıs]

diamante (m)	diamond	['daıəmənd]
esmeralda (f)	emerald	['emərəld]

rubi (m)	ruby	['ru:bɪ]
safira (f)	sapphire	['sæfaɪə(r)]
pérola (f)	pearl	[pɜ:l]
âmbar (m)	amber	['æmbə(r)]

40. Relógios de pulso. Relógios

relógio (m) de pulso	watch	[wɒtʃ]
mostrador (m)	dial	['daɪəl]
ponteiro (m)	hand	[hænd]
bracelete (f) em aço	bracelet	['breɪslɪt]
bracelete (f) em couro	watch strap	[wɒtʃ stræp]

pilha (f)	battery	['bætərɪ]
descarregar-se	to be flat	[tə bi flæt]
trocar a pilha	to change a battery	[tə tʃeɪndʒ ə 'bætərɪ]
estar adiantado	to run fast	[tə rʌn fɑ:st]
estar atrasado	to run slow	[tə rʌn sləʊ]

relógio (m) de parede	wall clock	['wɔ:l ˌklɒk]
ampulheta (f)	hourglass	['aʊəglɑ:s]
relógio (m) de sol	sundial	['sʌndaɪəl]
despertador (m)	alarm clock	[ə'lɑ:m klɒk]
relojoeiro (m)	watchmaker	['wɒtʃˌmeɪkə(r)]
reparar (vt)	to repair (vt)	[tə rɪ'peə(r)]

Alimentação. Nutrição

41. Comida

carne (f)	meat	[mi:t]
galinha (f)	chicken	['tʃɪkɪn]
frango (m)	poussin	['pu:sæn]
pato (m)	duck	[dʌk]
ganso (m)	goose	[gu:s]
caça (f)	game	[geɪm]
peru (m)	turkey	['tɜ:kɪ]
carne (f) de porco	pork	[pɔ:k]
carne (f) de vitela	veal	[vi:l]
carne (f) de carneiro	lamb	[læm]
carne (f) de vaca	beef	[bi:f]
carne (f) de coelho	rabbit	['ræbɪt]
chouriço, salsichão (m)	sausage	['sɒsɪʤ]
salsicha (f)	vienna sausage	[vɪ'enə 'sɒsɪʤ]
bacon (m)	bacon	['beɪkən]
fiambre (f)	ham	[hæm]
presunto (m)	gammon	['gæmən]
patê (m)	pâté	['pæteɪ]
fígado (m)	liver	['lɪvə(r)]
carne (f) moída	mince	[mɪns]
língua (f)	tongue	[tʌŋ]
ovo (m)	egg	[eg]
ovos (m pl)	eggs	[egz]
clara (f) do ovo	egg white	['eg ˌwaɪt]
gema (f) do ovo	egg yolk	['eg ˌjəʊk]
peixe (m)	fish	[fɪʃ]
mariscos (m pl)	seafood	['si:fu:d]
crustáceos (m pl)	crustaceans	[krʌ'steɪʃənz]
caviar (m)	caviar	['kævɪɑː(r)]
caranguejo (m)	crab	[kræb]
camarão (m)	prawn	[prɔ:n]
ostra (f)	oyster	['ɔɪstə(r)]
lagosta (f)	spiny lobster	['spaɪnɪ 'lɒbstə(r)]
polvo (m)	octopus	['ɒktəpəs]
lula (f)	squid	[skwɪd]
esturjão (m)	sturgeon	['stɜ:ʤən]
salmão (m)	salmon	['sæmən]
halibute (m)	halibut	['hælɪbət]
bacalhau (m)	cod	[kɒd]

cavala, sarda (f)	mackerel	['mækərəl]
atum (m)	tuna	['tju:nə]
enguia (f)	eel	[i:l]

truta (f)	trout	[traʊt]
sardinha (f)	sardine	[sɑ:'di:n]
lúcio (m)	pike	[paɪk]
arenque (m)	herring	['herɪŋ]

pão (m)	bread	[bred]
queijo (m)	cheese	[tʃi:z]
açúcar (m)	sugar	['ʃʊgə(r)]
sal (m)	salt	[sɔ:lt]

arroz (m)	rice	[raɪs]
massas (f pl)	pasta	['pæstə]
talharim (m)	noodles	['nu:dəlz]

manteiga (f)	butter	['bʌtə(r)]
óleo (m) vegetal	vegetable oil	['vedʒtəbəl ɔɪl]
óleo (m) de girassol	sunflower oil	['sʌn,flaʊə ɔɪl]
margarina (f)	margarine	[,mɑ:dʒə'ri:n]

| azeitonas (f pl) | olives | ['ɒlɪvz] |
| azeite (m) | olive oil | ['ɒlɪv ,ɔɪl] |

leite (m)	milk	[mɪlk]
leite (m) condensado	condensed milk	[kən'denst mɪlk]
iogurte (m)	yogurt	['jəʊgərt]
nata (f) azeda	soured cream	['saʊəd ,kri:m]
nata (f) do leite	cream	[kri:m]

| maionese (f) | mayonnaise | [,meɪə'neɪz] |
| creme (m) | buttercream | ['bʌtə,kri:m] |

grãos (m pl) de cereais	groats	[grəʊts]
farinha (f)	flour	['flaʊə(r)]
enlatados (m pl)	tinned food	['tɪnd fu:d]

flocos (m pl) de milho	cornflakes	['kɔ:nfleɪks]
mel (m)	honey	['hʌnɪ]
doce (m)	jam	[dʒæm]
pastilha (f) elástica	chewing gum	['tʃu:ɪŋ ,gʌm]

42. Bebidas

água (f)	water	['wɔ:tə(r)]
água (f) potável	drinking water	['drɪŋkɪŋ ,wɔ:tə(r)]
água (f) mineral	mineral water	['mɪnərəl 'wɔ:tə(r)]

sem gás	still	[stɪl]
gaseificada	carbonated	['kɑ:bəneɪtɪd]
com gás	sparkling	['spɑ:klɪŋ]
gelo (m)	ice	[aɪs]

com gelo	with ice	[wɪð aɪs]
sem álcool	non-alcoholic	[nɒn ˌælkə'hɒlɪk]
bebida (f) sem álcool	soft drink	[sɒft drɪŋk]
refresco (m)	refreshing drink	[rɪ'freʃɪŋ drɪŋk]
limonada (f)	lemonade	[ˌlemə'neɪd]

bebidas (f pl) alcoólicas	spirits	['spɪrɪts]
vinho (m)	wine	[waɪn]
vinho (m) branco	white wine	['waɪt ˌwaɪn]
vinho (m) tinto	red wine	['red ˌwaɪn]

licor (m)	liqueur	[lɪ'kjʊə(r)]
champanhe (m)	champagne	[ˌʃæm'peɪn]
vermute (m)	vermouth	[vɜ:'mu:θ]

uísque (m)	whisky	['wɪskɪ]
vodka (f)	vodka	['vɒdkə]
gim (m)	gin	[dʒɪn]
conhaque (m)	cognac	['kɒnjæk]
rum (m)	rum	[rʌm]

café (m)	coffee	['kɒfɪ]
café (m) puro	black coffee	[blæk 'kɒfɪ]
café (m) com leite	white coffee	[waɪt 'kɒfɪ]
cappuccino (m)	cappuccino	[ˌkæpʊ'ʧi:nəʊ]
café (m) solúvel	instant coffee	['ɪnstənt 'kɒfɪ]

leite (m)	milk	[mɪlk]
coquetel (m)	cocktail	['kɒkteɪl]
batido (m) de leite	milkshake	['mɪlk ʃeɪk]

sumo (m)	juice	[dʒu:s]
sumo (m) de tomate	tomato juice	[tə'mɑ:təʊ dʒu:s]
sumo (m) de laranja	orange juice	['ɒrɪndʒ ˌdʒu:s]
sumo (m) fresco	freshly squeezed juice	['freʃlɪ skwi:zd dʒu:s]

cerveja (f)	beer	[bɪə(r)]
cerveja (f) clara	lager	['lɑ:gə(r)]
cerveja (f) preta	bitter	['bɪtə(r)]

chá (m)	tea	[ti:]
chá (m) preto	black tea	[blæk ti:]
chá (m) verde	green tea	['gri:n ˌti:]

43. Vegetais

| legumes (m pl) | vegetables | ['vedʒtəbəlz] |
| verduras (f pl) | greens | [gri:nz] |

tomate (m)	tomato	[tə'mɑ:təʊ]
pepino (m)	cucumber	['kju:kʌmbə(r)]
cenoura (f)	carrot	['kærət]
batata (f)	potato	[pə'teɪtəʊ]
cebola (f)	onion	['ʌnjən]

alho (m)	garlic	['gɑːlɪk]
couve (f)	cabbage	['kæbɪdʒ]
couve-flor (f)	cauliflower	['kɒlɪˌflaʊə(r)]
couve-de-bruxelas (f)	Brussels sprouts	['brʌsəlz ˌspraʊts]
brócolos (m pl)	broccoli	['brɒkəlɪ]

beterraba (f)	beetroot	['biːtruːt]
beringela (f)	aubergine	['əʊbəʒiːn]
curgete (f)	courgette	[kɔːˈʒet]
abóbora (f)	pumpkin	['pʌmpkɪn]
nabo (m)	turnip	['tɜːnɪp]

salsa (f)	parsley	['pɑːslɪ]
funcho, endro (m)	dill	[dɪl]
alface (f)	lettuce	['letɪs]
aipo (m)	celery	['selərɪ]
espargo (m)	asparagus	[əˈspærəgəs]
espinafre (m)	spinach	['spɪnɪdʒ]

ervilha (f)	pea	[piː]
fava (f)	beans	[biːnz]
milho (m)	maize	[meɪz]
feijão (m)	kidney bean	['kɪdnɪ biːn]

pimentão (m)	sweet paper	[swiːt 'pepə(r)]
rabanete (m)	radish	['rædɪʃ]
alcachofra (f)	artichoke	['ɑːtɪʃəʊk]

44. Frutos. Nozes

fruta (f)	fruit	[fruːt]
maçã (f)	apple	['æpəl]
pera (f)	pear	[peə(r)]
limão (m)	lemon	['lemən]
laranja (f)	orange	['ɒrɪndʒ]
morango (m)	strawberry	['strɔːbərɪ]

tangerina (f)	tangerine	[ˌtændʒəˈriːn]
ameixa (f)	plum	[plʌm]
pêssego (m)	peach	[piːtʃ]
damasco (m)	apricot	['eɪprɪkɒt]
framboesa (f)	raspberry	['rɑːzbərɪ]
ananás (m)	pineapple	['paɪnˌæpəl]

banana (f)	banana	[bəˈnɑːnə]
melancia (f)	watermelon	['wɔːtəˌmelən]
uva (f)	grape	[greɪp]
ginja (f)	sour cherry	['saʊə 'tʃerɪ]
cereja (f)	sweet cherry	[swiːt 'tʃerɪ]
meloa (f)	melon	['melən]

toranja (f)	grapefruit	['greɪpfruːt]
abacate (m)	avocado	[ˌævəˈkɑːdəʊ]
papaia (f)	papaya	[pəˈpaɪə]

| manga (f) | mango | ['mæŋgəʊ] |
| romã (f) | pomegranate | ['pɒmɪˌgrænɪt] |

groselha (f) vermelha	redcurrant	['redkʌrənt]
groselha (f) preta	blackcurrant	[ˌblæk'kʌrənt]
groselha (f) espinhosa	gooseberry	['gʊzbərɪ]
mirtilo (m)	bilberry	['bɪlbərɪ]
amora silvestre (f)	blackberry	['blækbərɪ]

uvas (f pl) passas	raisin	['reɪzən]
figo (m)	fig	[fɪg]
tâmara (f)	date	[deɪt]

amendoim (m)	peanut	['piːnʌt]
amêndoa (f)	almond	['ɑːmənd]
noz (f)	walnut	['wɔːlnʌt]
avelã (f)	hazelnut	['heɪzəlnʌt]
coco (m)	coconut	['kəʊkənʌt]
pistáchios (m pl)	pistachios	[pɪ'stɑːʃɪəʊs]

45. Pão. Bolaria

pastelaria (f)	confectionery	[kən'fekʃənərɪ]
pão (m)	bread	[bred]
bolacha (f)	biscuits	['bɪskɪts]

chocolate (m)	chocolate	['tʃɒkələt]
de chocolate	chocolate	['tʃɒkələt]
rebuçado (m)	sweet	[swiːt]
bolo (cupcake, etc.)	cake	[keɪk]
bolo (m) de aniversário	cake	[keɪk]

| tarte (~ de maçã) | pie | [paɪ] |
| recheio (m) | filling | ['fɪlɪŋ] |

doce (m)	jam	[dʒæm]
geleia (f) de frutas	marmalade	['mɑːməleɪd]
waffle (m)	wafers	['weɪfəz]
gelado (m)	ice-cream	[aɪs kriːm]
pudim (m)	pudding	['pʊdɪŋ]

46. Pratos cozinhados

prato (m)	course, dish	[kɔːs], [dɪʃ]
cozinha (~ portuguesa)	cuisine	[kwɪ'ziːn]
receita (f)	recipe	['resɪpɪ]
porção (f)	portion	['pɔːʃən]

salada (f)	salad	['sæləd]
sopa (f)	soup	[suːp]
caldo (m)	clear soup	[ˌklɪə 'suːp]
sandes (f)	sandwich	['sænwɪdʒ]

ovos (m pl) estrelados	fried eggs	['fraɪd ˌegz]
hambúrguer (m)	hamburger	['hæmbɜ:gə(r)]
bife (m)	steak	[steɪk]

conduto (m)	side dish	[saɪd dɪʃ]
espaguete (m)	spaghetti	[spə'getɪ]
puré (m) de batata	mash	[mæʃ]
pizza (f)	pizza	['pi:tsə]
papa (f)	porridge	['pɒrɪdʒ]
omelete (f)	omelette	['ɒmlɪt]

cozido em água	boiled	['bɔɪld]
fumado	smoked	[sməʊkt]
frito	fried	[fraɪd]
seco	dried	[draɪd]
congelado	frozen	['frəʊzən]
em conserva	pickled	['pɪkəld]

doce (açucarado)	sweet	[swi:t]
salgado	salty	['sɔ:ltɪ]
frio	cold	[kəʊld]
quente	hot	[hɒt]
amargo	bitter	['bɪtə(r)]
gostoso	tasty	['teɪstɪ]

cozinhar (em água a ferver)	to cook in boiling water	[tə kʊk in 'bɔɪlɪŋ 'wɔ:tə]
fazer, preparar (vt)	to cook (vt)	[tə kʊk]
fritar (vt)	to fry (vt)	[tə fraɪ]
aquecer (vt)	to heat up	[tə hi:t ʌp]

salgar (vt)	to salt (vt)	[tə sɔ:lt]
apimentar (vt)	to pepper (vt)	[tə 'pepə(r)]
ralar (vt)	to grate (vt)	[tə greɪt]
casca (f)	peel	[pi:l]
descascar (vt)	to peel (vt)	[tə pi:l]

47. Especiarias

sal (m)	salt	[sɔ:lt]
salgado	salty	['sɔ:ltɪ]
salgar (vt)	to salt (vt)	[tə sɔ:lt]

pimenta (f) preta	black pepper	[blæk 'pepə(r)]
pimenta (f) vermelha	red pepper	[red 'pepə(r)]
mostarda (f)	mustard	['mʌstəd]
raiz-forte (f)	horseradish	['hɔ:sˌrædɪʃ]

condimento (m)	condiment	['kɒndɪmənt]
especiaria (f)	spice	[spaɪs]
molho (m)	sauce	[sɔ:s]
vinagre (m)	vinegar	['vɪnɪgə(r)]

| anis (m) | anise | ['ænɪs] |
| manjericão (m) | basil | ['bæzəl] |

cravo (m)	cloves	[kləʊvz]
gengibre (m)	ginger	['dʒɪndʒə(r)]
coentro (m)	coriander	[ˌkɒrɪ'ændə(r)]
canela (f)	cinnamon	['sɪnəmən]
sésamo (m)	sesame	['sesəmɪ]
folhas (f pl) de louro	bay leaf	[beɪ li:f]
páprica (f)	paprika	['pæprɪkə]
cominho (m)	caraway	['kærəweɪ]
açafrão (m)	saffron	['sæfrən]

48. Refeições

comida (f)	food	[fu:d]
comer (vt)	to eat (vi, vt)	[tə i:t]
pequeno-almoço (m)	breakfast	['brekfəst]
tomar o pequeno-almoço	to have breakfast	[tə hæv 'brekfəst]
almoço (m)	lunch	[lʌntʃ]
almoçar (vi)	to have lunch	[tə hæv lʌntʃ]
jantar (m)	dinner	['dɪnə(r)]
jantar (vi)	to have dinner	[tə hæv 'dɪnə(r)]
apetite (m)	appetite	['æpɪtaɪt]
Bom apetite!	Enjoy your meal!	[ɪn'dʒɔɪ jɔ: ˌmi:l]
abrir (~ uma lata, etc.)	to open (vt)	[tə 'əʊpən]
derramar (vt)	to spill (vt)	[tə spɪl]
derramar-se (vr)	to spill out (vi)	[tə spɪl aʊt]
ferver (vi)	to boil (vi)	[tə bɔɪl]
ferver (vt)	to boil (vt)	[tə bɔɪl]
fervido	boiled	['bɔɪld]
arrefecer (vt)	to chill, cool down (vt)	[tə tʃɪl], [ku:l daʊn]
arrefecer-se (vr)	to chill (vi)	[tə tʃɪl]
sabor, gosto (m)	taste, flavour	[teɪst], ['fleɪvə(r)]
gostinho (m)	aftertaste	['ɑ:ftəteɪst]
fazer dieta	to slim down	[tə slɪm daʊn]
dieta (f)	diet	['daɪət]
vitamina (f)	vitamin	['vɪtəmɪn]
caloria (f)	calorie	['kælərɪ]
vegetariano (m)	vegetarian	[ˌvedʒɪ'teərɪən]
vegetariano	vegetarian	[ˌvedʒɪ'teərɪən]
gorduras (f pl)	fats	[fæts]
proteínas (f pl)	proteins	['prəʊti:nz]
carboidratos (m pl)	carbohydrates	[ˌkɑ:bəʊ'haɪdreɪts]
fatia (~ de limão, etc.)	slice	[slaɪs]
pedaço (~ de bolo)	piece	[pi:s]
migalha (f)	crumb	[krʌm]

49. Por a mesa

colher (f)	spoon	[spu:n]
faca (f)	knife	[naɪf]
garfo (m)	fork	[fɔːk]

chávena (f)	cup	[kʌp]
prato (m)	plate	[pleɪt]
pires (m)	saucer	['sɔːsə(r)]
guardanapo (m)	serviette	[ˌsɜːvɪ'et]
palito (m)	toothpick	['tuːθpɪk]

50. Restaurante

restaurante (m)	restaurant	['restrɒnt]
café (m)	coffee bar	['kɒfɪ bɑː(r)]
bar (m), cervejaria (f)	pub	[pʌb]
salão (m) de chá	tearoom	['tiːrʊm]

empregado (m) de mesa	waiter	['weɪtə(r)]
empregada (f) de mesa	waitress	['weɪtrɪs]
barman (m)	barman	['bɑːmən]

ementa (f)	menu	['menjuː]
lista (f) de vinhos	wine list	['waɪn lɪst]
reservar uma mesa	to book a table	[tə bʊk ə 'teɪbəl]

prato (m)	course, dish	[kɔːs], [dɪʃ]
pedir (vt)	to order (vi, vt)	[tə 'ɔːdə(r)]
fazer o pedido	to make an order	[tə meɪk ən 'ɔːdə(r)]

aperitivo (m)	aperitif	[əperə'tiːf]
entrada (f)	starter	['stɑːtə(r)]
sobremesa (f)	dessert, pudding	[dɪ'zɜːt], ['pʊdɪŋ]

conta (f)	bill	[bɪl]
pagar a conta	to pay the bill	[tə peɪ ðə bɪl]
dar o troco	to give change	[tə gɪv 'tʃeɪndʒ]
gorjeta (f)	tip	[tɪp]

Família, parentes e amigos

51. Informação pessoal. Formulários

nome (m)	name, first name	[neɪm], ['fɜːstˌneɪm]
apelido (m)	surname, last name	['sɜːneɪm], [lɑːst neɪm]
data (f) de nascimento	date of birth	[deɪt əv bɜːθ]
local (m) de nascimento	place of birth	[ˌpleɪs əv 'bɜːθ]
nacionalidade (f)	nationality	[ˌnæʃə'nælətɪ]
lugar (m) de residência	place of residence	[ˌpleɪs əv 'rezɪdəns]
país (m)	country	['kʌntrɪ]
profissão (f)	profession	[prə'feʃən]
sexo (m)	gender, sex	['dʒendə(r)], [seks]
estatura (f)	height	[haɪt]
peso (m)	weight	[weɪt]

52. Membros da família. Parentes

mãe (f)	mother	['mʌðə(r)]
pai (m)	father	['fɑːðə(r)]
filho (m)	son	[sʌn]
filha (f)	daughter	['dɔːtə(r)]
filha (f) mais nova	younger daughter	[ˌjʌŋgə 'dɔːtə(r)]
filho (m) mais novo	younger son	[ˌjʌŋgə 'sʌn]
filha (f) mais velha	eldest daughter	['eldɪst 'dɔːtə(r)]
filho (m) mais velho	eldest son	['eldɪst sʌn]
irmão (m)	brother	['brʌðə(r)]
irmã (f)	sister	['sɪstə(r)]
primo (m)	cousin	['kʌzən]
prima (f)	cousin	['kʌzən]
mamã (f)	mummy	['mʌmɪ]
papá (m)	dad, daddy	[dæd], ['dædɪ]
pais (pl)	parents	['peərənts]
criança (f)	child	[ʧaɪld]
crianças (f pl)	children	['ʧɪldrən]
avó (f)	grandmother	['grænˌmʌðə(r)]
avô (m)	grandfather	['grændˌfɑːðə(r)]
neto (m)	grandson	['grænsʌn]
neta (f)	granddaughter	['grænˌdɔːtə(r)]
netos (pl)	grandchildren	['grænˌʧɪldrən]
tio (m)	uncle	['ʌŋkəl]
tia (f)	aunt	[ɑːnt]

| sobrinho (m) | nephew | ['nefju:] |
| sobrinha (f) | niece | [ni:s] |

sogra (f)	mother-in-law	['mʌðər ɪn 'lɔ:]
sogro (m)	father-in-law	['fɑ:ðə ɪn ˌlɔ:]
genro (m)	son-in-law	['sʌn ɪn ˌlɔ:]
madrasta (f)	stepmother	['stepˌmʌðə(r)]
padrasto (m)	stepfather	['stepˌfɑ:ðə(r)]

criança (f) de colo	infant	['ɪnfənt]
bebé (m)	baby	['beɪbɪ]
menino (m)	little boy	['lɪtəl ˌbɔɪ]

| mulher (f) | wife | [waɪf] |
| marido (m) | husband | ['hʌzbənd] |

casado	married	['mærɪd]
casada	married	['mærɪd]
solteiro	single	['sɪŋgəl]
solteirão (m)	bachelor	['bætʃələ(r)]
divorciado	divorced	[dɪ'vɔ:st]
viúva (f)	widow	['wɪdəʊ]
viúvo (m)	widower	['wɪdəʊə(r)]

parente (m)	relative	['relətɪv]
parente (m) próximo	close relative	[ˌkləʊs 'relətɪv]
parente (m) distante	distant relative	['dɪstənt 'relətɪv]
parentes (m pl)	relatives	['relətɪvz]

órfão (m), órfã (f)	orphan	['ɔ:fən]
tutor (m)	guardian	['gɑ:djən]
adotar (um filho)	to adopt (vt)	[tə ə'dɒpt]
adotar (uma filha)	to adopt (vt)	[tə ə'dɒpt]

53. Amigos. Colegas de trabalho

amigo (m)	friend	[frend]
amiga (f)	friend, girlfriend	[frend], ['gɜ:lfrend]
amizade (f)	friendship	['frendʃɪp]
ser amigos	to be friends	[tə bi frendz]

amigo (m)	pal	[pæl]
amiga (f)	pal	[pæl]
parceiro (m)	partner	['pɑ:tnə(r)]

chefe (m)	chief	[tʃi:f]
superior (m)	boss, superior	[bɒs], [su:'pɪərɪə(r)]
subordinado (m)	subordinate	[sə'bɔ:dɪnət]
colega (m)	colleague	['kɒli:g]

conhecido (m)	acquaintance	[ə'kweɪntəns]
companheiro (m) de viagem	fellow traveller	['feləʊ 'trævələ(r)]
colega (m) de classe	classmate	['klɑ:smeɪt]
vizinho (m)	neighbour	['neɪbə(r)]

| vizinha (f) | neighbour | ['neɪbə(r)] |
| vizinhos (pl) | neighbours | ['neɪbəz] |

54. Homem. Mulher

mulher (f)	woman	['wʊmən]
rapariga (f)	girl, young woman	[gɜːl], [ˌjʌŋ 'wʊmən]
noiva (f)	bride, fiancée	[braɪd], [fɪ'ɒnseɪ]

bonita	beautiful	['bjuːtɪfʊl]
alta	tall	[tɔːl]
esbelta	slender	['slendə(r)]
de estatura média	short	[ʃɔːt]

| loura (f) | blonde | [blɒnd] |
| morena (f) | brunette | [bruː'net] |

de senhora	ladies'	['leɪdɪz]
virgem (f)	virgin	['vɜːdʒɪn]
grávida	pregnant	['pregnənt]

homem (m)	man	[mæn]
louro (m)	blond haired man	[blɒnd heəd mæn]
moreno (m)	dark haired man	['dɑːk heəd mæn]
alto	tall	[tɔːl]
de estatura média	short	[ʃɔːt]

rude	rude	[ruːd]
atarracado	stocky	['stɒkɪ]
robusto	robust	[rəʊ'bʌst]
forte	strong	[strɒŋ]
força (f)	strength	[streŋθ]

gordo	stout, fat	[staʊt], [fæt]
moreno	swarthy	['swɔːðɪ]
esbelto	slender	['slendə(r)]
elegante	elegant	['elɪgənt]

55. Idade

idade (f)	age	[eɪdʒ]
juventude (f)	youth	[juːθ]
jovem	young	[jʌŋ]

| mais novo | younger | ['jʌŋgə(r)] |
| mais velho | older | [əʊldə] |

| jovem (m) | young man | [jʌŋ mæn] |
| rapaz (m) | guy, fellow | [gaɪ], ['feləʊ] |

| velho (m) | old man | ['əʊld ˌmæn] |
| velhota (f) | old woman | ['əʊld ˌwʊmən] |

adulto	adult	[æd'ʌlt]
de meia-idade	middle-aged	[ˌmɪdl 'eɪdʒd]
idoso, de idade	elderly	['eldəlɪ]
velho	old	[əʊld]

| reformar-se (vr) | to retire (vi) | [tə rɪ'taɪə(r)] |
| reformado (m) | pensioner | ['penʃənə(r)] |

56. Crianças

criança (f)	child	[ʧaɪld]
crianças (f pl)	children	['ʧɪldrən]
gémeos (m pl)	twins	[twɪnz]

berço (m)	cradle	['kreɪdəl]
guizo (m)	rattle	['rætəl]
fralda (f)	nappy	['næpɪ]

chupeta (f)	dummy, comforter	['dʌmɪ], ['kʌmfətə(r)]
carrinho (m) de bebé	pram	[præm]
jardim (m) de infância	nursery	['nɜːsərɪ]
babysitter (f)	babysitter	[ˌbeɪbɪ 'sɪtə(r)]

infância (f)	childhood	['ʧaɪldhʊd]
boneca (f)	doll	[dɒl]
brinquedo (m)	toy	[tɔɪ]
jogo (m) de armar	construction set	[kən'strʌkʃən set]

bem-educado	well-bred	[wel bred]
mal-educado	ill-bred	['ɪlˌbred]
mimado	spoilt	[spɔɪlt]

ser travesso	to be naughty	[tə bi 'nɔːtɪ]
travesso, traquinas	mischievous	['mɪsʧɪvəs]
travessura (f)	mischievousness	['mɪsʧɪvəsnɪs]
criança (f) travessa	mischievous child	['mɪsʧɪvəs ʧaɪld]

| obediente | obedient | [ə'biːdjənt] |
| desobediente | disobedient | [ˌdɪsə'biːdjənt] |

dócil	docile	['dəʊsaɪl]
inteligente	clever	['klevə(r)]
menino (m) prodígio	child prodigy	[ˌʧaɪld 'prɒdɪdʒɪ]

57. Casais. Vida de família

beijar (vt)	to kiss (vt)	[tə kɪs]
beijar-se (vr)	to kiss (vi)	[tə kɪs]
família (f)	family	['fæmlɪ]
familiar	family	['fæmlɪ]
casal (m)	couple	['kʌpəl]
matrimónio (m)	marriage	['mærɪdʒ]

lar (m)	hearth	[hɑ:θ]
dinastia (f)	dynasty	['dɪnəstɪ]

encontro (m)	date	[deɪt]
beijo (m)	kiss	[kɪs]

amor (m)	love	[lʌv]
amar (vt)	to love (vt)	[tə lʌv]
amado, querido	beloved	[bɪ'lʌvd]

ternura (f)	tenderness	['tendənɪs]
terno, afetuoso	tender	['tendə(r)]
fidelidade (f)	faithfulness	['feɪθfʊlnɪs]
fiel	faithful	['feɪθfʊl]

recém-casados (m pl)	newlyweds	['nju:lɪwedz]
lua de mel (f)	honeymoon	['hʌnɪmu:n]
casar-se (com um homem)	to get married	[tə get 'mærɪd]
casar-se (com uma mulher)	to get married	[tə get 'mærɪd]

boda (f)	wedding	['wedɪŋ]
bodas (f pl) de ouro	golden wedding	['gəʊldən 'wedɪŋ]
aniversário (m)	anniversary	[ænɪ'vɜ:sərɪ]

amante (m)	lover	['lʌvə(r)]
amante (f)	mistress	['mɪstrɪs]

adultério (m)	adultery	[ə'dʌltərɪ]
cometer adultério	to cheat on ...	[tə tʃi:t ɒn]
ciumento	jealous	['dʒeləs]
ser ciumento	to be jealous	[tə bi 'dʒeləs]
divórcio (m)	divorce	[dɪ'vɔ:s]
divorciar-se (vr)	to divorce (vi)	[tə dɪ'vɔ:s]

brigar (discutir)	to quarrel (vi)	[tə 'kwɒrəl]
fazer as pazes	to be reconciled	[tə bi: 'rekənsaɪld]
juntos	together	[tə'geðə(r)]
sexo (m)	sex	[seks]

felicidade (f)	happiness	['hæpɪnɪs]
feliz	happy	['hæpɪ]
infelicidade (f)	misfortune	[ˌmɪs'fɔ:tʃu:n]
infeliz	unhappy	[ʌn'hæpɪ]

Caráter. Sentimentos. Emoções

58. Sentimentos. Emoções

sentimento (m)	feeling	['fi:lɪŋ]
sentimentos (m pl)	feelings	['fi:lɪŋz]
sentir (vt)	to feel (vt)	[tə fi:l]

fome (f)	hunger	['hʌŋgə(r)]
ter fome	to be hungry	[tə bi 'hʌŋgrɪ]
sede (f)	thirst	[θɜ:st]
ter sede	to be thirsty	[tə bi 'θɜ:stɪ]
sonolência (f)	sleepiness	['sli:pɪnɪs]
estar sonolento	to feel sleepy	[tə fi:l 'sli:pɪ]

cansaço (m)	tiredness	['taɪədnɪs]
cansado	tired	['taɪəd]
ficar cansado	to get tired	[tə get 'taɪəd]

humor (m)	mood	[mu:d]
tédio (m)	boredom	['bɔ:dəm]
aborrecer-se (vr)	to be bored	[tə bi bɔ:d]
isolamento (m)	seclusion	[sɪ'klu:ʒən]
isolar-se	to seclude oneself	[tə sɪ'klu:d wʌn'self]

preocupar (vt)	to worry (vt)	[tə 'wʌrɪ]
preocupar-se (vr)	to be worried	[tə bi 'wʌrɪd]
preocupação (f)	anxiety	[æŋ'zaɪətɪ]
entrar em pânico	to panic (vi)	[tə 'pænɪk]

| esperança (f) | hope | [həʊp] |
| esperar (vt) | to hope (vi, vt) | [tə həʊp] |

certeza (f)	certainty	['sɜ:təntɪ]
certo	certain, sure	['sɜ:tən], [ʃʊə(r)]
indecisão (f)	uncertainty	[ˌʌn'sɜ:tənlɪ]
indeciso	uncertain	[ˌʌn'sɜ:tən]

ébrio, bêbado	drunk	[drʌŋk]
sóbrio	sober	['səʊbə(r)]
fraco	weak	[wi:k]
feliz	happy	['hæpɪ]
assustar (vt)	to scare (vt)	[tə skeə(r)]
ira, raiva (f)	rage	[reɪdʒ]

depressão (f)	depression	[dɪ'preʃən]
desconforto (m)	discomfort	[dɪs'kʌmfət]
conforto (m)	comfort	['kʌmfət]
arrepender-se (vr)	to regret (vi)	[tə rɪ'gret]
arrependimento (m)	regret	[rɪ'gret]

| azar (m), má sorte (f) | bad luck | [bæd lʌk] |
| tristeza (f) | sadness | ['sædnɪs] |

vergonha (f)	shame	[ʃeɪm]
alegria (f)	gladness	['glædnɪs]
entusiasmo (m)	enthusiasm	[ɪn'θju:zɪæzəm]
entusiasta (m)	enthusiast	[ɪn'θju:zɪæst]
mostrar entusiasmo	to show enthusiasm	[tə ʃəʊ ɪn'θju:zɪæzəm]

59. Caráter. Personalidade

caráter (m)	character	['kærəktə(r)]
falha (f) de caráter	character flaw	['kærəktə flɔ:]
mente (f)	mind	[maɪnd]
razão (f)	reason	['ri:zən]

consciência (f)	conscience	['kɒnʃəns]
hábito (m)	habit	['hæbɪt]
habilidade (f)	ability	[ə'bɪlətɪ]
saber (~ nadar, etc.)	can (v aux)	[kæn]

paciente	patient	['peɪʃənt]
impaciente	impatient	[ɪm'peɪʃənt]
curioso	curious	['kjʊərɪəs]
curiosidade (f)	curiosity	[kjʊərɪ'ɒsətɪ]

modéstia (f)	modesty	['mɒdɪstɪ]
modesto	modest	['mɒdɪst]
imodesto	immodest	[ɪ'mɒdɪst]

| preguiçoso | lazy | ['leɪzɪ] |
| preguiçoso (m) | lazy person | [ˌleɪzɪ 'pɜ:sən] |

astúcia (f)	cunning	['kʌnɪŋ]
astuto	cunning	['kʌnɪŋ]
desconfiança (f)	distrust	[dɪs'trʌst]
desconfiado	distrustful	[dɪs'trʌstfʊl]

generosidade (f)	generosity	[dʒenə'rɒsətɪ]
generoso	generous	['dʒenərəs]
talentoso	talented	['tæləntɪd]
talento (m)	talent	['tælənt]

corajoso	courageous	[kə'reɪdʒəs]
coragem (f)	courage	['kʌrɪdʒ]
honesto	honest	['ɒnɪst]
honestidade (f)	honesty	['ɒnɪstɪ]

prudente	careful	['keəfʊl]
valente	courageous	[kə'reɪdʒəs]
sério	serious	['sɪərɪəs]
severo	strict	[strɪkt]
decidido	decisive	[dɪ'saɪsɪv]
indeciso	indecisive	[ˌɪndɪ'saɪsɪv]

tímido	shy, timid	[ʃaɪ], ['tɪmɪd]
timidez (f)	shyness, timidity	[tɪ'mɪdətɪ]

confiança (f)	confidence	['kɒnfɪdəns]
confiar (vt)	to believe	[tə bɪ'li:v]
crédulo	trusting, naïve	['trʌstɪŋ], [naɪ'i:v]

sinceramente	sincerely	[sɪn'sɪəlɪ]
sincero	sincere	[sɪn'sɪə(r)]
sinceridade (f)	sincerity	[sɪn'serətɪ]

calmo	calm	[kɑ:m]
franco	frank	[fræŋk]
ingénuo	naïve, naive	[naɪ'i:v]
distraído	absent-minded	['æbsənt 'maɪndɪd]
engraçado	funny	['fʌnɪ]

ganância (f)	greed	[gri:d]
ganancioso	greedy	['gri:dɪ]
mau	evil	['i:vəl]
teimoso	stubborn	['stʌbən]
desagradável	unpleasant	[ʌn'plezənt]

egoísta (m)	selfish person	['selfɪʃ 'pɜ:sən]
egoísta	selfish	['selfɪʃ]
cobarde (m)	coward	['kaʊəd]
cobarde	cowardly	['kaʊədlɪ]

60. O sono. Sonhos

dormir (vi)	to sleep (vi)	[tə sli:p]
sono (m)	sleep, sleeping	[sli:p], [sli:pɪŋ]
sonho (m)	dream	[dri:m]
sonhar (vi)	to dream (vi)	[tə dri:m]
sonolento	sleepy	['sli:pɪ]

cama (f)	bed	[bed]
colchão (m)	mattress	['mætrɪs]
cobertor (m)	blanket	['blæŋkɪt]
almofada (f)	pillow	['pɪləʊ]
lençol (m)	sheet	[ʃi:t]

insónia (f)	insomnia	[ɪn'sɒmnɪə]
insone	sleepless	['sli:plɪs]
sonífero (m)	sleeping pill	['sli:pɪŋ pɪl]
tomar um sonífero	to take a sleeping pill	[tə ˌteɪk ə 'sli:pɪŋ pɪl]

estar sonolento	to feel sleepy	[tə fi:l 'sli:pɪ]
bocejar (vi)	to yawn (vi)	[tə jɔ:n]
ir para a cama	to go to bed	[tə gəʊ tə bed]
fazer a cama	to make up the bed	[tə 'meɪk ʌp ðə ˌbed]
adormecer (vi)	to fall asleep	[tə fɔ:l ə'sli:p]
pesadelo (m)	nightmare	['naɪtmeə(r)]
ronco (m)	snore, snoring	[snɔ:(r)], ['snɔ:rɪŋ]

roncar (vi)	**to snore** (vi)	[tə snɔː(r)]
despertador (m)	**alarm clock**	[əˈlɑːm klɒk]
acordar, despertar (vt)	**to wake** (vt)	[tə weɪk]
acordar (vi)	**to wake up**	[tə weɪk ʌp]
levantar-se (vr)	**to get up**	[tə get ʌp]
lavar-se (vr)	**to have a wash**	[tə hæv ə wɒʃ]

61. Humor. Riso. Alegria

humor (m)	**humour**	[ˈhjuːmə(r)]
sentido (m) de humor	**sense of humour**	[sens əv ˈhjuːmə(r)]
divertir-se (vr)	**to enjoy oneself**	[tə ɪnˈdʒɔɪ wʌnˈself]
alegre	**cheerful**	[ˈtʃɪəfʊl]
alegria (f)	**merriment, gaiety**	[ˈmerɪmənt], [ˈgeɪətɪ]
sorriso (m)	**smile**	[smaɪl]
sorrir (vi)	**to smile** (vi)	[tə smaɪl]
começar a rir	**to start laughing**	[tə stɑːt ˈlɑːfɪŋ]
rir (vi)	**to laugh** (vi)	[tə lɑːf]
riso (m)	**laugh, laughter**	[lɑːf], [ˈlɑːftə]
anedota (f)	**anecdote**	[ˈænɪkdəʊt]
engraçado	**funny**	[ˈfʌnɪ]
ridículo	**funny**	[ˈfʌnɪ]
brincar, fazer piadas	**to joke, to be kidding**	[tə dʒəʊk], [tə bi ˈkɪdɪŋ]
piada (f)	**joke**	[dʒəʊk]
alegria (f)	**joy**	[dʒɔɪ]
regozijar-se (vr)	**to rejoice** (vi)	[tə rɪˈdʒɔɪs]
alegre	**joyful**	[ˈdʒɔɪfʊl]

62. Discussão, conversação. Parte 1

comunicação (f)	**communication**	[kəˌmjuːnɪˈkeɪʃən]
comunicar-se (vr)	**to communicate** (vi)	[tə kəˈmjuːnɪkeɪt]
conversa (f)	**conversation**	[ˌkɒnvəˈseɪʃən]
diálogo (m)	**dialogue**	[ˈdaɪəlɒg]
discussão (f)	**discussion**	[dɪsˈkʌʃən]
debate (m)	**dispute**	[dɪˈspjuːt]
debater (vt)	**to dispute**	[tə dɪˈspjuːt]
interlocutor (m)	**interlocutor**	[ˌɪntəˈlɒkjʊtə(r)]
tema (m)	**topic**	[ˈtɒpɪk]
ponto (m) de vista	**point of view**	[ˈpɔɪnt əv ˌvjuː]
opinião (f)	**opinion**	[əˈpɪnjən]
discurso (m)	**speech**	[spiːtʃ]
discussão (f)	**discussion**	[dɪsˈkʌʃən]
discutir (vt)	**to discuss** (vt)	[tə dɪsˈkʌs]
conversa (f)	**talk**	[tɔːk]
conversar (vi)	**to talk** (vi)	[tə ˈtɔːk]

| encontro (m) | meeting | ['miːtɪŋ] |
| encontrar-se (vr) | to meet (vi, vt) | [tə miːt] |

provérbio (m)	proverb	['prɒvɜːb]
ditado (m)	saying	['seɪɪŋ]
adivinha (f)	riddle	['rɪdəl]
dizer uma adivinha	to pose a riddle	[tə pəʊz ə 'rɪdəl]
senha (f)	password	['pɑːswɜːd]
segredo (m)	secret	['siːkrɪt]

juramento (m)	oath	[əʊθ]
jurar (vi)	to swear (vi, vt)	[tə sweə(r)]
promessa (f)	promise	['prɒmɪs]
prometer (vt)	to promise (vt)	[tə 'prɒmɪs]

conselho (m)	advice	[əd'vaɪs]
aconselhar (vt)	to advise (vt)	[tə əd'vaɪz]
seguir o conselho	to follow one's advice	[tə 'fɒləʊ wʌns əd'vaɪs]

novidade, notícia (f)	news	[njuːz]
sensação (f)	sensation	[sen'seɪʃən]
informação (f)	information	[ˌɪnfə'meɪʃən]
conclusão (f)	conclusion	[kən'kluːʒən]
voz (f)	voice	[vɔɪs]
elogio (m)	compliment	['kɒmplɪmənt]
amável	kind	[kaɪnd]

palavra (f)	word	[wɜːd]
frase (f)	phrase	[freɪz]
resposta (f)	answer	['ɑːnsə(r)]

| verdade (f) | truth | [truːθ] |
| mentira (f) | lie | [laɪ] |

pensamento (m)	thought	[θɔːt]
ideia (f)	idea	[aɪ'dɪə]
fantasia (f)	fantasy	['fæntəsɪ]

63. Discussão, conversação. Parte 2

estimado	respected	[rɪ'spektɪd]
respeitar (vt)	to respect (vt)	[tə rɪ'spekt]
respeito (m)	respect	[rɪ'spekt]
Estimado ..., Caro ...	Dear ...	[dɪə(r)]

| apresentar (vt) | to introduce (vt) | [tə ˌɪntrə'djuːs] |
| travar conhecimento | to make acquaintance | [tə meɪk ə'kweɪntəns] |

intenção (f)	intention	[ɪn'tenʃən]
tencionar (vt)	to intend (vi)	[tu ɪn'tend]
desejo (m)	wish	[wɪʃ]
desejar (ex. ~ boa sorte)	to wish (vt)	[tə wɪʃ]
surpresa (f)	surprise	[sə'praɪz]
surpreender (vt)	to surprise (vt)	[tə sə'praɪz]

surpreender-se (vr)	to be surprised	[tə bi sə'praɪzd]
dar (vt)	to give (vt)	[tə gɪv]
pegar (tomar)	to take (vt)	[tə teɪk]
devolver (vt)	to give back	[tə,gɪv bæk]
retornar (vt)	to return (vt)	[tə rɪ'tɜ:n]
desculpar-se (vr)	to apologize (vi)	[tə ə'pɒlədʒaɪz]
desculpa (f)	apology	[ə'pɒlədʒɪ]
perdoar (vt)	to forgive (vt)	[tə fə'gɪv]
falar (vi)	to talk (vi)	[tə 'tɔ:k]
escutar (vt)	to listen (vi)	[tə 'lɪsən]
ouvir até o fim	to hear ... out	[tə hɪər'aʊt]
compreender (vt)	to understand (vt)	[tə,ʌndə'stænd]
mostrar (vt)	to show (vt)	[tə ʃəʊ]
olhar para ...	to look at ...	[tə lʊk æt]
chamar (dizer em voz alta o nome)	to call (vt)	[tə kɔ:l]
distrair (vt)	to distract (vt)	[tə dɪ'strækt]
perturbar (vt)	to disturb (vt)	[tə dɪ'stɜ:b]
entregar (~ em mãos)	to pass (vt)	[tə pɑ:s]
pedido (m)	demand	[dɪ'mɑ:nd]
pedir (ex. ~ ajuda)	to request (vt)	[tə rɪ'kwest]
exigência (f)	demand	[dɪ'mɑ:nd]
exigir (vt)	to demand (vt)	[tə dɪ'mɑ:nd]
chamar nomes (vt)	to tease (vt)	[tə ti:z]
zombar (vt)	to mock (vi, vt)	[tə mɒk]
zombaria (f)	mockery, derision	['mɒkərɪ], [dɪ'rɪʒən]
alcunha (f)	nickname	['nɪkneɪm]
insinuação (f)	insinuation	[ɪn,sɪnjʊ'eɪʃən]
insinuar (vt)	to insinuate (vt)	[tə ɪn'sɪnjʊeɪt]
subentender (vt)	to mean (vt)	[tə mi:n]
descrição (f)	description	[dɪ'skrɪpʃən]
descrever (vt)	to describe (vt)	[tə dɪ'skraɪb]
elogio (m)	praise	[preɪz]
elogiar (vt)	to praise (vt)	[tə preɪz]
desapontamento (m)	disappointment	[,dɪsə'pɔɪntmənt]
desapontar (vt)	to disappoint (vt)	[tə ,dɪsə'pɔɪnt]
desapontar-se (vr)	to be disappointed	[tə bi ,dɪsə'pɔɪntɪd]
suposição (f)	supposition	[,sʌpə'zɪʃən]
supor (vt)	to suppose (vt)	[tə sə'pəʊz]
advertência (f)	warning, caution	['wɔ:nɪŋ], ['kɔ:ʃən]
advertir (vt)	to warn (vt)	[tə wɔ:n]

64. Discussão, conversação. Parte 3

convencer (vt)	to talk into	[tə 'tɔ:k 'ɪntʊ]
acalmar (vt)	to calm down (vt)	[tə kɑ:m daʊn]

silêncio (o ~ é de ouro)	silence	['saɪləns]
ficar em silêncio	to be silent	[tə bi 'saɪlənt]
sussurrar (vt)	to whisper (vi, vt)	[tə 'wɪspə(r)]
sussurro (m)	whisper	['wɪspə(r)]

| francamente | frankly | ['fræŋklɪ] |
| a meu ver ... | in my opinion ... | [ɪn 'maɪ ə‚pɪnjən] |

detalhe (~ da história)	detail	['di:teɪl]
detalhado	detailed	['di:teɪld]
detalhadamente	in detail	[ɪn 'di:teɪl]

| dica (f) | hint, clue | [hɪnt], [klu:] |
| dar uma dica | to give a hint | [tə gɪv ə hɪnt] |

olhar (m)	look	[lʊk]
dar uma vista de olhos	to have a look	[tə ‚hæv ə 'lʊk]
fixo (olhar ~)	fixed	[fɪkst]
piscar (vi)	to blink (vi)	[tə blɪŋk]
pestanejar (vt)	to wink (vi)	[tə wɪŋk]
acenar (com a cabeça)	to nod (vi)	[tə nɒd]

suspiro (m)	sigh	[saɪ]
suspirar (vi)	to sigh (vi)	[tə saɪ]
estremecer (vi)	to shudder (vi)	[tə 'ʃʌdə(r)]
gesto (m)	gesture	['dʒestʃə(r)]
tocar (com as mãos)	to touch (vt)	[tə tʌtʃ]
agarrar (~ pelo braço)	to seize (vt)	[tə si:z]
bater de leve	to tap (vt)	[tə tæp]

Cuidado!	Look out!	[lʊk 'aʊt]
A sério?	Really?	['rɪəlɪ]
Boa sorte!	Good luck!	[‚gʊd 'lʌk]
Compreendi!	I see!	[aɪ si:]
Que pena!	What a pity!	[wɒt ə 'pɪtɪ]

65. Acordo. Recusa

consentimento (~ mútuo)	consent	[kən'sent]
consentir (vi)	to consent (vi)	[tə kən'sent]
aprovação (f)	approval	[ə'pru:vəl]
aprovar (vt)	to approve (vt)	[tə ə'pru:v]
recusa (f)	refusal	[rɪ'fju:zəl]
negar-se (vt)	to refuse (vi, vt)	[tə rɪ'fju:z]

Está ótimo!	Great!	[greɪt]
Muito bem!	All right!	[‚ɔ:l 'raɪt]
Está bem! De acordo!	Okay!	[‚əʊ'keɪ]

proibido	forbidden	[fə'bɪdən]
é proibido	it's forbidden	[ɪts fə'bɪdən]
incorreto	incorrect	[‚ɪnkə'rekt]
rejeitar (~ um pedido)	to reject (vt)	[tə rɪ'dʒekt]
apoiar (vt)	to support (vt)	[tə sə'pɔ:t]

aceitar (desculpas, etc.)	**to accept** (vt)	[tə ək'sept]
confirmar (vt)	**to confirm** (vt)	[tə kən'fɜ:m]
confirmação (f)	**confirmation**	[ˌkɒnfə'meɪʃən]
permissão (f)	**permission**	[pə'mɪʃən]
permitir (vt)	**to permit** (vt)	[tə pə'mɪt]
decisão (f)	**decision**	[dɪ'sɪʒən]
não dizer nada	**to say nothing**	[tə seɪ 'nʌθɪŋ]
condição (com uma ~)	**condition**	[kən'dɪʃən]
pretexto (m)	**excuse**	[ɪk'skju:s]
elogio (m)	**praise**	[preɪz]
elogiar (vt)	**to praise** (vt)	[tə preɪz]

66. Sucesso. Boa sorte. Insucesso

êxito, sucesso (m)	**success**	[sək'ses]
com êxito	**successfully**	[sək'sesfʊlɪ]
bem sucedido	**successful**	[sək'sesfʊl]
sorte (fortuna)	**good luck**	[ˌgʊd 'lʌk]
Boa sorte!	**Good luck!**	[ˌgʊd 'lʌk]
de sorte	**lucky**	['lʌkɪ]
sortudo, felizardo	**lucky**	['lʌkɪ]
fracasso (m)	**failure**	['feɪljə(r)]
pouca sorte (f)	**misfortune**	[ˌmɪs'fɔ:tʃu:n]
azar (m), má sorte (f)	**bad luck**	[bæd lʌk]
mal sucedido	**unsuccessful**	[ˌʌnsək'sesfʊl]
catástrofe (f)	**catastrophe**	[kə'tæstrəfɪ]
orgulho (m)	**pride**	[praɪd]
orgulhoso	**proud**	[praʊd]
estar orgulhoso	**to be proud**	[tə bi praʊd]
vencedor (m)	**winner**	['wɪnə(r)]
vencer (vi)	**to win** (vi)	[tə wɪn]
perder (vt)	**to lose** (vi)	[tə lu:z]
tentativa (f)	**try**	[traɪ]
tentar (vt)	**to try** (vi)	[tə traɪ]
chance (m)	**chance**	[tʃɑ:ns]

67. Conflitos. Emoções negativas

grito (m)	**shout**	[ʃaʊt]
gritar (vi)	**to shout** (vi)	[tə ʃaʊt]
começar a gritar	**to start to cry out**	[tə stɑ:t tə kraɪ aʊt]
discussão (f)	**quarrel**	['kwɒrəl]
discutir (vt)	**to quarrel** (vi)	[tə 'kwɒrəl]
escândalo (m)	**fight**	[faɪt]
criar escândalo	**to make a scene**	[tə meɪk ə 'si:n]
conflito (m)	**conflict**	['kɒnflɪkt]

mal-entendido (m)	misunderstanding	[ˌmɪsʌndə'stændɪŋ]
insulto (m)	insult	['ɪnsʌlt]
insultar (vt)	to insult (vt)	[tə ɪn'sʌlt]
insultado	insulted	[ɪn'sʌltɪd]
ofensa (f)	resentment	[rɪ'zentmənt]
ofender (vt)	to offend (vt)	[tə ə'fend]
ofender-se (vr)	to take offence	[tə ˌteɪk ə'fens]

indignação (f)	indignation	[ˌɪndɪg'neɪʃən]
indignar-se (vr)	to be indignant	[tə bi ɪn'dɪgnənt]
queixa (f)	complaint	[kəm'pleɪnt]
queixar-se (vr)	to complain (vi, vt)	[tə kəm'pleɪn]

desculpa (f)	apology	[ə'pɒlədʒɪ]
desculpar-se (vr)	to apologize (vi)	[tə ə'pɒlədʒaɪz]
pedir perdão	to beg pardon	[tə beg 'pɑːdən]

crítica (f)	criticism	['krɪtɪsɪzəm]
criticar (vt)	to criticize (vt)	[tə 'krɪtɪsaɪz]
acusação (f)	accusation	[ˌækjuː'zeɪʃən]
acusar (vt)	to accuse (vt)	[tə ə'kjuːz]

| vingança (f) | revenge | [rɪ'vendʒ] |
| vingar (vt) | to avenge (vt) | [tə ə'vendʒ] |

desprezo (m)	disdain	[dɪs'deɪn]
desprezar (vt)	to despise (vt)	[tə dɪ'spaɪz]
ódio (m)	hatred, hate	['heɪtrɪd], [heɪt]
odiar (vt)	to hate (vt)	[tə heɪt]

nervoso	nervous	['nɜːvəs]
estar nervoso	to be nervous	[tə bi 'nɜːvəs]
zangado	angry	['æŋgrɪ]
zangar (vt)	to make angry	[tə meɪk 'æŋgrɪ]

humilhação (f)	humiliation	[hjuːˌmɪlɪ'eɪʃən]
humilhar (vt)	to humiliate (vt)	[tə hjuː'mɪlɪeɪt]
humilhar-se (vr)	to humiliate oneself	[tə hjuː'mɪlɪeɪt wʌn'self]

| choque (m) | shock | [ʃɒk] |
| chocar (vt) | to shock (vt) | [tə ʃɒk] |

| aborrecimento (m) | trouble | ['trʌbəl] |
| desagradável | unpleasant | [ʌn'plezənt] |

medo (m)	fear	[fɪə(r)]
terrível (tempestade, etc.)	terrible	['terəbəl]
assustador (ex. história ~a)	scary	['skeərɪ]
horror (m)	horror	['hɒrə(r)]
horrível (crime, etc.)	awful	['ɔːfʊl]

começar a tremer	to begin to tremble	[tə bɪ'gɪn tə 'trembəl]
chorar (vi)	to cry (vi)	[tə kraɪ]
começar a chorar	to start crying	[tə stɑːt 'kraɪɪŋ]
lágrima (f)	tear	[tɪə(r)]
falta (f)	fault	['fɔːlt]

culpa (f)	**guilt**	[gɪlt]
desonra (f)	**dishonour**	[dɪs'ɒnə(r)]
protesto (m)	**protest**	['prəʊtest]
stresse (m)	**stress**	[stres]
perturbar (vt)	**to disturb** (vt)	[tə dɪ'stɜ:b]
zangar-se com ...	**to be furious**	[tə bi 'fjʊərɪəs]
zangado	**angry**	['æŋgrɪ]
terminar (vt)	**to end** (vt)	[tə end]
assustar-se	**to scare** (vi)	[tə skeə(r)]
golpear (vt)	**to hit** (vt)	[tə hɪt]
brigar (na rua, etc.)	**to fight** (vi)	[tə faɪt]
resolver (o conflito)	**to settle** (vt)	[tə 'setəl]
descontente	**discontented**	[ˌdɪskən'tentɪd]
furioso	**furious**	['fjʊərɪəs]
Não está bem!	**It's not good!**	[ɪts 'nɒt ˌgʊd]
É mau!	**It's bad!**	[ɪts bæd]

Medicina

68. Doenças

doença (f)	illness	['ɪlnɪs]
estar doente	to be ill	[tə bi ɪl]
saúde (f)	health	[helθ]
nariz (m) a escorrer	runny nose	[ˌrʌnɪ 'nəʊz]
amigdalite (f)	tonsillitis	[ˌtɒnsɪ'laɪtɪs]
constipação (f)	cold	[kəʊld]
constipar-se (vr)	to catch a cold	[tə kætʃ ə 'kəʊld]
bronquite (f)	bronchitis	[brɒŋ'kaɪtɪs]
pneumonia (f)	pneumonia	[nju:'məʊnɪə]
gripe (f)	flu	[flu:]
míope	shortsighted	[ʃɔ:t 'saɪtɪd]
presbita	longsighted	[ˌlɒŋ'saɪtɪd]
estrabismo (m)	squint	[skwɪnt]
estrábico	squint-eyed	[skwɪnt aɪd]
catarata (f)	cataract	['kætərækt]
glaucoma (m)	glaucoma	[glɔ:'kəʊmə]
AVC (m), apoplexia (f)	stroke	[strəʊk]
ataque (m) cardíaco	heart attack	['hɑ:t əˌtæk]
enfarte (m) do miocárdio	myocardial infarction	[ˌmaɪəʊ'kɑ:dɪəl ɪn'fɑ:kʃən]
paralisia (f)	paralysis	[pə'rælɪsɪs]
paralisar (vt)	to paralyse (vt)	[tə 'pærəlaɪz]
alergia (f)	allergy	['ælədʒɪ]
asma (f)	asthma	['æsmə]
diabetes (f)	diabetes	[ˌdaɪə'bi:ti:z]
dor (f) de dentes	toothache	['tu:θeɪk]
cárie (f)	caries	['keəri:z]
diarreia (f)	diarrhoea	[ˌdaɪə'rɪə]
prisão (f) de ventre	constipation	[ˌkɒnstɪ'peɪʃən]
desarranjo (m) intestinal	stomach upset	['stʌmək ʌpset]
intoxicação (f) alimentar	food poisoning	[fu:d 'pɔɪzənɪŋ]
artrite (f)	arthritis	[ɑ:'θraɪtɪs]
raquitismo (m)	rickets	['rɪkɪts]
reumatismo (m)	rheumatism	['ru:mətɪzəm]
arteriosclerose (f)	atherosclerosis	[ˌæθərəʊsklɪ'rəʊsɪs]
gastrite (f)	gastritis	[gæs'traɪtɪs]
apendicite (f)	appendicitis	[əˌpendɪ'saɪtɪs]
colecistite (f)	cholecystitis	[ˌkɒlɪsɪs'taɪtɪs]

úlcera (f)	ulcer	['ʌlsə(r)]
sarampo (m)	measles	['mi:zəlz]
rubéola (f)	rubella	[ru:'belə]
iterícia (f)	jaundice	['dʒɔ:ndɪs]
hepatite (f)	hepatitis	[ˌhepə'taɪtɪs]

esquizofrenia (f)	schizophrenia	[ˌskɪtsə'fri:nɪə]
raiva (f)	rabies	['reɪbi:z]
neurose (f)	neurosis	[ˌnjʊə'rəʊsɪs]
comoção (f) cerebral	concussion	[kən'kʌʃən]

cancro (m)	cancer	['kænsə(r)]
esclerose (f)	sclerosis	[sklə'rəʊsɪs]
esclerose (f) múltipla	multiple sclerosis	['mʌltɪpəl sklə'rəʊsɪs]

alcoolismo (m)	alcoholism	['ælkəhɒlɪzəm]
alcoólico (m)	alcoholic	[ˌælkə'hɒlɪk]
sífilis (f)	syphilis	['sɪfɪlɪs]
SIDA (f)	AIDS	[eɪdz]

tumor (m)	tumour	['tju:mə(r)]
febre (f)	fever	['fi:və(r)]
malária (f)	malaria	[mə'leərɪə]
gangrena (f)	gangrene	['gæŋgri:n]
enjoo (m)	seasickness	['si:sɪknɪs]
epilepsia (f)	epilepsy	['epɪlepsɪ]

epidemia (f)	epidemic	[ˌepɪ'demɪk]
tifo (m)	typhus	['taɪfəs]
tuberculose (f)	tuberculosis	[tju:ˌbɜ:kjʊ'ləʊsɪs]
cólera (f)	cholera	['kɒlərə]
peste (f)	plague	[pleɪg]

69. Sintomas. Tratamentos. Parte 1

sintoma (m)	symptom	['sɪmptəm]
temperatura (f)	temperature	['temprətʃə(r)]
febre (f)	high temperature, fever	[haɪ 'temprətʃə(r)], ['fi:və(r)]
pulso (m)	pulse, heartbeat	[pʌls], ['hɑ:tbi:t]

vertigem (f)	dizziness	['dɪzɪnɪs]
quente (testa, etc.)	hot	[hɒt]
calafrio (m)	shivering	['ʃɪvərɪŋ]
pálido	pale	[peɪl]

tosse (f)	cough	[kɒf]
tossir (vi)	to cough (vi)	[tə kɒf]
espirrar (vi)	to sneeze (vi)	[tə sni:z]
desmaio (m)	faint	[feɪnt]
desmaiar (vi)	to faint (vi)	[tə feɪnt]

nódoa (f) negra	bruise	[bru:z]
galo (m)	bump	[bʌmp]
magoar-se (vr)	to bang (vi)	[tə bæŋ]

| pisadura (f) | bruise | [bru:z] |
| aleijar-se (vr) | to get a bruise | [tə get ə bru:z] |

coxear (vi)	to limp (vi)	[tə lɪmp]
deslocação (f)	dislocation	[ˌdɪslə'keɪʃən]
deslocar (vt)	to dislocate (vt)	[tə 'dɪsləkeɪt]
fratura (f)	fracture	['fræktʃə(r)]
fraturar (vt)	to have a fracture	[tə hæv ə 'fræktʃə(r)]

corte (m)	cut	[kʌt]
cortar-se (vr)	to cut oneself	[tə kʌt wʌn'self]
hemorragia (f)	bleeding	['bli:dɪŋ]

| queimadura (f) | burn | [bɜ:n] |
| queimar-se (vr) | to get burned | [tə get 'bɜ:nd] |

picar (vt)	to prick (vt)	[tə prɪk]
picar-se (vr)	to prick oneself	[tə prɪk wʌn'self]
lesionar (vt)	to injure (vt)	[tə 'ɪndʒə(r)]
lesão (m)	injury	['ɪndʒərɪ]
ferida (f), ferimento (m)	wound	[wu:nd]
trauma (m)	trauma	['trɔ:mə]

delirar (vi)	to be delirious	[tə bi dɪ'lɪrɪəs]
gaguejar (vi)	to stutter (vi)	[tə 'stʌtə(r)]
insolação (f)	sunstroke	['sʌnstrəʊk]

70. Sintomas. Tratamentos. Parte 2

| dor (f) | pain, ache | [peɪn], [eɪk] |
| farpa (no dedo) | splinter | ['splɪntə(r)] |

suor (m)	sweat	[swet]
suar (vi)	to sweat (vi)	[tə swet]
vómito (m)	vomiting	['vɒmɪtɪŋ]
convulsões (f pl)	convulsions	[kən'vʌlʃənz]

grávida	pregnant	['pregnənt]
nascer (vi)	to be born	[tə bi bɔ:n]
parto (m)	delivery, labour	[dɪ'lɪvərɪ], ['leɪbə(r)]
dar à luz	to deliver (vt)	[tə dɪ'lɪvə(r)]
aborto (m)	abortion	[ə'bɔ:ʃən]

respiração (f)	breathing, respiration	['bri:ðɪŋ], [ˌrespə'reɪʃən]
inspiração (f)	in-breath, inhalation	['ɪnbreθ], [ˌɪnhə'leɪʃən]
expiração (f)	out-breath, exhalation	['aʊtbreθ],[ˌeksə'leɪʃən]
expirar (vi)	to exhale (vi)	[tə eks'heɪl]
inspirar (vi)	to inhale (vi)	[tə ɪn'heɪl]

inválido (m)	disabled person	[dɪs'eɪbəld 'pɜ:sən]
aleijado (m)	cripple	['krɪpəl]
toxicodependente (m)	drug addict	['drʌɡˌædɪkt]
surdo	deaf	[def]
mudo	mute	[mju:t]

surdo-mudo	deaf mute	[def mju:t]
louco (adj.)	mad, insane	[mæd], [ɪn'seɪn]
louco (m)	madman	['mædmən]
louca (f)	madwoman	['mæd,wʊmən]
ficar louco	to go insane	[tə gəʊ ɪn'seɪn]

gene (m)	gene	[dʒi:n]
imunidade (f)	immunity	[ɪ'mju:nəti]
hereditário	hereditary	[hɪ'redɪtəri]
congénito	congenital	[kən'dʒenɪtəl]

vírus (m)	virus	['vaɪrəs]
micróbio (m)	microbe	['maɪkrəʊb]
bactéria (f)	bacterium	[bæk'tɪərɪəm]
infeção (f)	infection	[ɪn'fekʃən]

71. Sintomas. Tratamentos. Parte 3

| hospital (m) | hospital | ['hɒspɪtəl] |
| paciente (m) | patient | ['peɪʃənt] |

diagnóstico (m)	diagnosis	[ˌdaɪəg'nəʊsɪs]
cura (f)	cure	[kjʊə]
tratamento (m) médico	treatment	['tri:tmənt]
curar-se (vr)	to get treatment	[tə get 'tri:tmənt]
tratar (vt)	to treat (vt)	[tə tri:t]
cuidar (pessoa)	to nurse (vt)	[tə nɜ:s]
cuidados (m pl)	care	[keə(r)]

operação (f)	operation, surgery	[ˌɒpə'reɪʃən], ['sɜ:dʒəri]
enfaixar (vt)	to bandage (vt)	[tə 'bændɪdʒ]
enfaixamento (m)	bandaging	['bændɪdʒɪŋ]
vacinação (f)	vaccination	[ˌvæksɪ'neɪʃən]
vacinar (vt)	to vaccinate (vt)	[tə 'væksɪneɪt]
injeção (f)	injection	[ɪn'dʒekʃən]
dar uma injeção	to give an injection	[təˌgɪv ən ɪn'dʒekʃən]

ataque (~ de asma, etc.)	attack	[ə'tæk]
amputação (f)	amputation	[ˌæmpjʊ'teɪʃən]
amputar (vt)	to amputate (vt)	[tə 'æmpjʊteɪt]
coma (f)	coma	['kəʊmə]
estar em coma	to be in a coma	[tə bi ɪn ə 'kəʊmə]
reanimação (f)	intensive care	[ɪn'tensɪv ˌkeə(r)]

recuperar-se (vr)	to recover (vi)	[tə rɪ'kʌvə(r)]
estado (~ de saúde)	condition	[kən'dɪʃən]
consciência (f)	consciousness	['kɒnʃəsnɪs]
memória (f)	memory	['meməri]

tirar (vt)	to pull out	[tə ˌpʊl 'aʊt]
chumbo (m), obturação (f)	filling	['fɪlɪŋ]
chumbar, obturar (vt)	to fill (vt)	[tə fɪl]
hipnose (f)	hypnosis	[hɪp'nəʊsɪs]
hipnotizar (vt)	to hypnotize (vt)	[tə 'hɪpnətaɪz]

72. Médicos

médico (m)	doctor	['dɒktə(r)]
enfermeira (f)	nurse	[nɜːs]
médico (m) pessoal	personal doctor	['pɜːsənəl 'dɒktə(r)]
dentista (m)	dentist	['dentɪst]
oculista (m)	eye doctor	[aɪ 'dɒktə(r)]
terapeuta (m)	general practitioner	['dʒenərəl præk'tɪʃənə]
cirurgião (m)	surgeon	['sɜːdʒən]
psiquiatra (m)	psychiatrist	[saɪ'kaɪətrɪst]
pediatra (m)	paediatrician	[ˌpiːdɪə'trɪʃən]
psicólogo (m)	psychologist	[saɪ'kɒlədʒɪst]
ginecologista (m)	gynaecologist	[ˌgaɪnɪ'kɒlədʒɪst]
cardiologista (m)	cardiologist	[ˌkɑːdɪ'ɒlədʒɪst]

73. Medicina. Drogas. Acessórios

medicamento (m)	medicine, drug	['medsɪn], [drʌg]
remédio (m)	remedy	['remədɪ]
receitar (vt)	to prescribe (vt)	[tə prɪ'skraɪb]
receita (f)	prescription	[prɪ'skrɪpʃən]
comprimido (m)	tablet, pill	['tæblɪt], [pɪl]
pomada (f)	ointment	['ɔɪntmənt]
ampola (f)	ampoule	['æmpuːl]
preparado (m)	mixture	['mɪkstʃə(r)]
xarope (m)	syrup	['sɪrəp]
cápsula (f)	capsule	['kæpsjuːl]
remédio (m) em pó	powder	['paʊdə(r)]
ligadura (f)	bandage	['bændɪdʒ]
algodão (m)	cotton wool	['kɒtən ˌwʊl]
iodo (m)	iodine	['aɪədiːn]
penso (m) rápido	plaster	['plɑːstə(r)]
conta-gotas (m)	eyedropper	[aɪ 'drɒpə(r)]
termómetro (m)	thermometer	[θə'mɒmɪtə(r)]
seringa (f)	syringe	[sɪ'rɪndʒ]
cadeira (f) de rodas	wheelchair	['wiːlˌtʃeə(r)]
muletas (f pl)	crutches	[krʌtʃɪz]
analgésico (m)	painkiller	['peɪnˌkɪlə(r)]
laxante (m)	laxative	['læksətɪv]
álcool (m) etílico	spirits (ethanol)	['spɪrɪts], ['eθənɒl]
ervas (f pl) medicinais	medicinal herbs	[mə'dɪsɪnəl hɜːbz]
de ervas (chá ~)	herbal	['hɜːbəl]

74. Fumar. Produtos tabágicos

tabaco (m)	tobacco	[tə'bækəʊ]
cigarro (m)	cigarette	[ˌsɪgə'ret]
charuto (m)	cigar	[sɪ'gɑː(r)]
cachimbo (m)	pipe	[paɪp]
maço (~ de cigarros)	packet	['pækɪt]
fósforos (m pl)	matches	[mætʃɪz]
caixa (f) de fósforos	matchbox	['mætʃbɒks]
isqueiro (m)	lighter	['laɪtə(r)]
cinzeiro (m)	ashtray	['æʃtreɪ]
cigarreira (f)	cigarette case	[ˌsɪgə'ret keɪs]
boquilha (f)	cigarette holder	[ˌsɪgə'ret 'həʊldə(r)]
filtro (m)	filter	['fɪltə(r)]
fumar (vi, vt)	to smoke (vi, vt)	[tə sməʊk]
acender um cigarro	to light a cigarette	[tə ˌlaɪt ə ˌsɪgə'ret]
tabagismo (m)	smoking	['sməʊkɪŋ]
fumador (m)	smoker	['sməʊkə(r)]
beata (f)	cigarette end	[ˌsɪgə'ret end]
fumo (m)	smoke	[sməʊk]
cinza (f)	ash	[æʃ]

HABITAT HUMANO

Cidade

75. Cidade. Vida na cidade

cidade (f)	city, town	['sɪtɪ], [taʊn]
capital (f)	capital	['kæpɪtəl]
aldeia (f)	village	['vɪlɪdʒ]
mapa (m) da cidade	city map	['sɪtɪ‚mæp]
centro (m) da cidade	city centre	['sɪtɪ ‚sentə(r)]
subúrbio (m)	suburb	['sʌbɜːb]
suburbano	suburban	[sə'bɜːbən]
periferia (f)	outskirts	['aʊtskɜːts]
arredores (m pl)	environs	[ɪn'vaɪərənz]
quarteirão (m)	city block	['sɪtɪ blɒk]
quarteirão (m) residencial	residential quarter	[‚rezɪ'denʃəl 'kwɔːtə(r)]
tráfego (m)	traffic	['træfɪk]
semáforo (m)	traffic lights	['træfɪk laɪts]
transporte (m) público	public transport	['pʌblɪk 'trænspɔːt]
cruzamento (m)	crossroads	['krɒsrəʊdz]
passadeira (f)	zebra crossing	['zebrə ‚krɒsɪŋ]
passagem (f) subterrânea	subway	['sʌbweɪ]
cruzar, atravessar (vt)	to cross (vt)	[tə krɒs]
peão (m)	pedestrian	[pɪ'destrɪən]
passeio (m)	pavement	['peɪvmənt]
ponte (f)	bridge	[brɪdʒ]
margem (f) do rio	embankment	[ɪm'bæŋkmənt]
alameda (f)	allée	[ale]
parque (m)	park	[pɑːk]
bulevar (m)	boulevard	['buːləvɑːd]
praça (f)	square	[skweə(r)]
avenida (f)	avenue	['ævənjuː]
rua (f)	street	[striːt]
travessa (f)	side street	[saɪd striːt]
beco (m) sem saída	dead end	[‚ded 'end]
casa (f)	house	[haʊs]
edifício, prédio (m)	building	['bɪldɪŋ]
arranha-céus (m)	skyscraper	['skaɪ‚skreɪpə(r)]
fachada (f)	facade	[fə'sɑːd]
telhado (m)	roof	[ruːf]

janela (f)	window	['wɪndəʊ]
arco (m)	arch	[ɑ:tʃ]
coluna (f)	column	['kɒləm]
esquina (f)	corner	['kɔ:nə(r)]

montra (f)	shop window	[ʃɒp 'wɪndəʊ]
letreiro (m)	signboard	['saɪnbɔ:d]
cartaz (m)	poster	['pəʊstə(r)]
cartaz (m) publicitário	advertising poster	['ædvətaɪzɪŋ 'pəʊstə(r)]
painel (m) publicitário	hoarding	['hɔ:dɪŋ]

lixo (m)	rubbish	['rʌbɪʃ]
cesta (f) do lixo	rubbish bin	['rʌbɪʃ bɪn]
jogar lixo na rua	to litter (vi)	[tə 'lɪtə(r)]
aterro (m) sanitário	rubbish dump	['rʌbɪʃ dʌmp]

cabine (f) telefónica	phone box	['fəʊn ˌbɒks]
candeeiro (m) de rua	street light	['stri:t laɪt]
banco (m)	bench	[bentʃ]

polícia (m)	police officer	[pə'li:s 'ɒfɪsə(r)]
polícia (instituição)	police	[pə'li:s]
mendigo (m)	beggar	['begə(r)]
sem-abrigo (m)	homeless	['həʊmlɪs]

76. Instituições urbanas

loja (f)	shop	[ʃɒp]
farmácia (f)	chemist	['kemɪst]
ótica (f)	optician	[ɒp'tɪʃən]
centro (m) comercial	shopping centre	['ʃɒpɪŋ 'sentə(r)]
supermercado (m)	supermarket	['su:pəˌmɑ:kɪt]

padaria (f)	bakery	['beɪkərɪ]
padeiro (m)	baker	['beɪkə(r)]
pastelaria (f)	cake shop	[keɪk ʃɒp]
mercearia (f)	grocery shop	['grəʊsərɪ ʃɒp]
talho (m)	butcher shop	['bʊtʃəzʃɒp]

| loja (f) de legumes | greengrocer | ['gri:nˌgrəʊsə] |
| mercado (m) | market | ['mɑ:kɪt] |

café (m)	coffee bar	['kɒfɪ bɑ:(r)]
restaurante (m)	restaurant	['restrɒnt]
bar (m), cervejaria (f)	pub, bar	[pʌb], [bɑ:(r)]
pizzaria (f)	pizzeria	[ˌpi:tsə'rɪə]

salão (m) de cabeleireiro	hairdresser	['heəˌdresə(r)]
correios (m pl)	post office	[pəʊst 'ɒfɪs]
lavandaria (f)	dry cleaners	[ˌdraɪ 'kli:nəz]
estúdio (m) fotográfico	photo studio	['fəʊtəʊ 'stju:dɪəʊ]

| sapataria (f) | shoe shop | ['ʃu: ʃɒp] |
| livraria (f) | bookshop | ['bʊkʃɒp] |

loja (f) de artigos de desporto	sports shop	['spɔːts ʃɒp]
reparação (f) de roupa	clothes repair shop	[kləʊðz rɪ'peə(r) ʃɒp]
aluguer (m) de roupa	formal wear hire	['fɔːməl weə 'haɪə(r)]
aluguer (m) de filmes	video rental shop	['vɪdɪəʊ 'rentəl stɔː]
circo (m)	circus	['sɜːkəs]
jardim (m) zoológico	zoo	[zuː]
cinema (m)	cinema	['sɪnəmə]
museu (m)	museum	[mjuː'ziːəm]
biblioteca (f)	library	['laɪbrərɪ]
teatro (m)	theatre	['θɪətə(r)]
ópera (f)	opera	['ɒpərə]
clube (m) noturno	nightclub	[naɪt klʌb]
casino (m)	casino	[kə'siːnəʊ]
mesquita (f)	mosque	[mɒsk]
sinagoga (f)	synagogue	['sɪnəgɒg]
catedral (f)	cathedral	[kə'θiːdrəl]
templo (m)	temple	['tempəl]
igreja (f)	church	[tʃɜːtʃ]
instituto (m)	college	['kɒlɪdʒ]
universidade (f)	university	[juːnɪ'vɜːsətɪ]
escola (f)	school	[skuːl]
prefeitura (f)	prefecture	['priːfekˌtjʊə(r)]
câmara (f) municipal	city hall	['sɪtɪ ˌhɔːl]
hotel (m)	hotel	[həʊ'tel]
banco (m)	bank	[bæŋk]
embaixada (f)	embassy	['embəsɪ]
agência (f) de viagens	travel agency	['trævəl 'eɪdʒənsɪ]
agência (f) de informações	information office	[ˌɪnfə'meɪʃən 'ɒfɪs]
casa (f) de câmbio	currency exchange	['kʌrənsɪ ɪks'tʃeɪndʒ]
metro (m)	underground, tube	['ʌndəgraʊnd], [tjuːb]
hospital (m)	hospital	['hɒspɪtəl]
posto (m) de gasolina	petrol station	['petrəl 'steɪʃən]
parque (m) de estacionamento	car park	[kɑː pɑːk]

77. Transportes urbanos

autocarro (m)	bus, coach	[bʌs], [kəʊtʃ]
elétrico (m)	tram	[træm]
troleicarro (m)	trolleybus	['trɒlɪbʌs]
itinerário (m)	route	[ruːt]
número (m)	number	['nʌmbə(r)]
ir de ... (carro, etc.)	to go by ...	[tə gəʊ baɪ]
entrar (~ no autocarro)	to get on	[tə get ɒn]
descer de ...	to get off ...	[tə get ɒf]
paragem (f)	stop	[stɒp]

próxima paragem (f)	next stop	[ˌnekst 'stɒp]
ponto (m) final	terminus	['tɜ:mɪnəs]
horário (m)	timetable	['taɪmˌteɪbəl]
esperar (vt)	to wait (vt)	[tə weɪt]
bilhete (m)	ticket	['tɪkɪt]
custo (m) do bilhete	fare	[feə(r)]
bilheteiro (m)	cashier	[kæ'ʃɪə(r)]
controlo (m) dos bilhetes	ticket inspection	['tɪkɪt ɪn'spekʃən]
revisor (m)	ticket inspector	['tɪkɪt ɪn'spektə]
atrasar-se (vr)	to be late	[tə bi 'leɪt]
estar com pressa	to be in a hurry	[tə bi ɪn ə 'hʌrɪ]
táxi (m)	taxi, cab	['tæksɪ], [kæb]
taxista (m)	taxi driver	['tæksɪ 'draɪvə(r)]
de táxi (ir ~)	by taxi	[baɪ 'tæksɪ]
praça (f) de táxis	taxi rank	['tæksɪ ræŋk]
chamar um táxi	to call a taxi	[tə kɔ:l ə 'tæksɪ]
apanhar um táxi	to take a taxi	[tə ˌteɪk ə 'tæksɪ]
tráfego (m)	traffic	['træfɪk]
engarrafamento (m)	traffic jam	['træfɪk dʒæm]
horas (f pl) de ponta	rush hour	['rʌʃ ˌaʊə(r)]
estacionar (vi)	to park (vi)	[tə pɑ:k]
estacionar (vt)	to park (vt)	[tə pɑ:k]
parque (m) de estacionamento	car park	[kɑ: pɑ:k]
metro (m)	underground, tube	['ʌndəgraʊnd], [tju:b]
estação (f)	station	['steɪʃən]
ir de metro	to take the tube	[tə ˌteɪk ðə tju:b]
comboio (m)	train	[treɪn]
estação (f)	train station	[treɪn 'steɪʃən]

78. Turismo

monumento (m)	monument	['mɒnjʊmənt]
fortaleza (f)	fortress	['fɔ:trɪs]
palácio (m)	palace	['pælɪs]
castelo (m)	castle	['kɑ:səl]
torre (f)	tower	['taʊə(r)]
mausoléu (m)	mausoleum	[ˌmɔ:zə'lɪəm]
arquitetura (f)	architecture	['ɑ:kɪtektʃə(r)]
medieval	medieval	[ˌmedɪ'i:vəl]
antigo	ancient	['eɪnʃənt]
nacional	national	['næʃənəl]
conhecido	famous	['feɪməs]
turista (m)	tourist	['tʊərɪst]
guia (pessoa)	guide	[gaɪd]
excursão (f)	excursion	[ɪk'skɜ:ʃən]
mostrar (vt)	to show (vt)	[tə ʃəʊ]

contar (vt)	to tell (vt)	[tə tel]
encontrar (vt)	to find (vt)	[tə faɪnd]
perder-se (vr)	to get lost	[tə get lɒst]
mapa (~ do metrô)	map	[mæp]
mapa (~ da cidade)	map	[mæp]

lembrança (f), presente (m)	souvenir, gift	[ˌsuːvəˈnɪə], [gɪft]
loja (f) de presentes	gift shop	[ˈgɪftʃɒp]
fotografar (vt)	to take pictures	[tə ˌteɪk ˈpɪktʃəz]

79. Compras

comprar (vt)	to buy (vt)	[tə baɪ]
compra (f)	shopping	[ˈʃɒpɪŋ]
fazer compras	to go shopping	[tə gəʊ ˈʃɒpɪŋ]
compras (f pl)	shopping	[ˈʃɒpɪŋ]

estar aberta (loja, etc.)	to be open	[tə bi ˈəʊpən]
estar fechada	to be closed	[tə bi kləʊzd]

calçado (m)	footwear, shoes	[ˈfʊtweə(r)], [ʃuːz]
roupa (f)	clothes, clothing	[kləʊðz], [ˈkləʊðɪŋ]
cosméticos (m pl)	cosmetics	[kɒzˈmetɪks]
alimentos (m pl)	food products	[fuːd ˈprɒdʌkts]
presente (m)	gift, present	[gɪft], [ˈprezənt]

vendedor (m)	shop assistant	[ʃɒp əˈsɪstənt]
vendedora (f)	shop assistant	[ʃɒp əˈsɪstənt]

caixa (f)	cash desk	[kæʃ desk]
espelho (m)	mirror	[ˈmɪrə(r)]
balcão (m)	counter	[ˈkaʊntə(r)]
cabine (f) de provas	fitting room	[ˈfɪtɪŋ ˌrum]

provar (vt)	to try on (vt)	[tə ˌtraɪ ˈɒn]
servir (vi)	to fit (vt)	[tə fɪt]
gostar (apreciar)	to fancy (vt)	[tə ˈfænsɪ]

preço (m)	price	[praɪs]
etiqueta (f) de preço	price tag	[ˈpraɪs tæg]
custar (vt)	to cost (vt)	[tə kɒst]
Quanto?	How much?	[ˌhaʊ ˈmʌtʃ]
desconto (m)	discount	[ˈdɪskaʊnt]

não caro	inexpensive	[ˌɪnɪkˈspensɪv]
barato	cheap	[tʃiːp]

caro	expensive	[ɪkˈspensɪv]
É caro	It's expensive	[ɪts ɪkˈspensɪv]

aluguer (m)	hire	[ˈhaɪə(r)]
alugar (vestidos, etc.)	to hire (vt)	[tə ˈhaɪə(r)]
crédito (m)	credit	[ˈkredɪt]
a crédito	on credit	[ɒn ˈkredɪt]

80. Dinheiro

dinheiro (m)	money	['mʌnɪ]
câmbio (m)	currency exchange	['kʌrənsɪ ɪks'tʃeɪndʒ]
taxa (f) de câmbio	exchange rate	[ɪks'tʃeɪndʒ reɪt]
Caixa Multibanco (m)	cashpoint	['kæʃpɔɪnt]
moeda (f)	coin	[kɔɪn]
dólar (m)	dollar	['dɒlə(r)]
euro (m)	euro	['jʊərəʊ]
lira (f)	lira	['lɪərə]
marco (m)	Deutschmark	['dɔɪtʃmɑːk]
franco (m)	franc	[fræŋk]
libra (f) esterlina	pound sterling	[paʊnd 'stɜːlɪŋ]
iene (m)	yen	[jen]
dívida (f)	debt	[det]
devedor (m)	debtor	['detə(r)]
emprestar (vt)	to lend (vt)	[tə lend]
pedir emprestado	to borrow (vt)	[tə 'bɒrəʊ]
banco (m)	bank	[bæŋk]
conta (f)	account	[ə'kaʊnt]
depositar (vt)	to deposit (vt)	[tə dɪ'pɒzɪt]
cartão (m) de crédito	credit card	['kredɪt kɑːd]
dinheiro (m) vivo	cash	[kæʃ]
cheque (m)	cheque	[tʃek]
passar um cheque	to write a cheque	[tə ˌraɪt ə 'tʃek]
livro (m) de cheques	chequebook	['tʃek,bʊk]
carteira (f)	wallet	['wɒlɪt]
porta-moedas (m)	purse	[pɜːs]
cofre (m)	safe	[seɪf]
herdeiro (m)	heir	[eə(r)]
herança (f)	inheritance	[ɪn'herɪtəns]
fortuna (riqueza)	fortune	['fɔːtʃuːn]
arrendamento (m)	lease	[liːs]
renda (f) de casa	rent	[rent]
alugar (vt)	to rent (vt)	[tə rent]
preço (m)	price	[praɪs]
custo (m)	cost	[kɒst]
soma (f)	sum	[sʌm]
gastos (m pl)	expenses	[ɪk'spensɪz]
economizar (vi)	to economize (vi, vt)	[tə ɪ'kɒnəmaɪz]
económico	economical	[ˌiːkə'nɒmɪkəl]
pagar (vt)	to pay (vi, vt)	[tə peɪ]
pagamento (m)	payment	['peɪmənt]
troco (m)	change	[tʃeɪndʒ]

imposto (m)	tax	[tæks]
multa (f)	fine	[faɪn]
multar (vt)	to fine (vt)	[tə faɪn]

81. Correios. Serviço postal

correios (m pl)	post office	[pəʊst 'ɒfɪs]
correio (m)	post	[pəʊst]
carteiro (m)	postman	[pəʊstmən]
horário (m)	opening hours	['əʊpənɪŋ ˌaʊəz]

carta (f)	letter	['letə(r)]
carta (f) registada	registered letter	['redʒɪstəd 'letə(r)]
postal (m)	postcard	['pəʊstkɑːd]
telegrama (m)	telegram	['telɪgræm]
encomenda (f) postal	parcel	['pɑːsəl]
remessa (f) de dinheiro	money transfer	['mʌnɪ trænsˈfɜː(r)]

receber (vt)	to receive (vt)	[tə rɪˈsiːv]
enviar (vt)	to send (vt)	[tə send]
envio (m)	sending	['sendɪŋ]

endereço (m)	address	[əˈdres]
código (m) postal	postcode	['pəʊstkəʊd]
remetente (m)	sender	['sendə(r)]
destinatário (m)	receiver	[rɪˈsiːvə(r)]

| nome (m) | first name | [fɜːst neɪm] |
| apelido (m) | surname, last name | ['sɜːneɪm], [lɑːst neɪm] |

tarifa (f)	rate	[reɪt]
ordinário	standard	['stændəd]
económico	economical	[ˌiːkəˈnɒmɪkəl]

peso (m)	weight	[weɪt]
pesar (estabelecer o peso)	to weigh (vt)	[tə weɪ]
envelope (m)	envelope	['envələʊp]
selo (m)	postage stamp	['pəʊstɪdʒ ˌstæmp]
colar o selo	to stamp an envelope	[tə stæmp ən 'envələʊp]

Moradia. Casa. Lar

82. Casa. Habitação

casa (f)	house	[haʊs]
em casa	at home	[ət həʊm]
pátio (m)	yard	[jɑːd]
cerca (f)	fence	[fens]

tijolo (m)	brick	[brɪk]
de tijolos	brick	[brɪk]
pedra (f)	stone	[stəʊn]
de pedra	stone	[stəʊn]
betão (m)	concrete	['kɒŋkriːt]
de betão	concrete	['kɒŋkriːt]

novo	new	[njuː]
velho	old	[əʊld]
decrépito	decrepit	[dɪ'krepɪt]
moderno	modern	['mɒdən]
de muitos andares	multistorey	[ˌmʌltɪ'stɔːrɪ]
alto	tall	[tɔːl]

andar (m)	floor, storey	[flɔː(r)], ['stɔːrɪ]
de um andar	single-storey	['sɪŋɡəl 'stɔːrɪ]

andar (m) de baixo	ground floor	[ɡraʊnd flɔː(r)]
andar (m) de cima	top floor	[tɒp flɔː(r)]

telhado (m)	roof	[ruːf]
chaminé (f)	chimney	['ʧɪmnɪ]

telha (f)	roof tiles	[ruːf taɪlz]
de telha	tiled	[taɪld]
sótão (m)	loft, attic	[lɒft], ['ætɪk]

janela (f)	window	['wɪndəʊ]
vidro (m)	glass	[ɡlɑːs]

parapeito (m)	window ledge	['wɪndəʊ ledʒ]
portadas (f pl)	shutters	['ʃʌtəz]

parede (f)	wall	[wɔːl]
varanda (f)	balcony	['bælkənɪ]
tubo (m) de queda	downpipe	['daʊnpaɪp]

em cima	upstairs	[ˌʌp'steəz]
subir (~ as escadas)	to go upstairs	[tə ɡəʊ ˌʌp'steəz]
descer (vi)	to come down	[tə kʌm daʊn]
mudar-se (vr)	to move (vi)	[tə muːv]

83. Casa. Entrada. Elevador

entrada (f)	entrance	['entrəns]
escada (f)	stairs	[steəz]
degraus (m pl)	steps	[steps]
corrimão (m)	banisters	['bænɪstə(r)z]
hall (m) de entrada	lobby	['lɒbɪ]
caixa (f) de correio	postbox	['pəʊstbɒks]
caixote (m) do lixo	waste bin	[weɪst bɪn]
conduta (f) do lixo	refuse chute	['refjuːs ʃuːt]
elevador (m)	lift	[lɪft]
elevador (m) de carga	goods lift	['gʊdz lɪft]
cabine (f)	lift cage	[lɪft keɪdʒ]
pegar o elevador	to take the lift	[tə ˌteɪk ðə 'lɪft]
apartamento (m)	flat	[flæt]
moradores (m pl)	residents	['rezɪdənts]
vizinhos (pl)	neighbours	['neɪbəz]

84. Casa. Portas. Fechaduras

porta (f)	door	[dɔː(r)]
portão (m)	gate	['geɪt]
maçaneta (f)	handle	['hændəl]
destrancar (vt)	to unlock (vt)	[tə ˌʌn'lɒk]
abrir (vt)	to open (vt)	[tə 'əʊpən]
fechar (vt)	to close (vt)	[tə kləʊz]
chave (f)	key	[kiː]
molho (m)	bunch	[bʌntʃ]
ranger (vi)	to creak (vi)	[tə kriːk]
rangido (m)	creak	[kriːk]
dobradiça (f)	hinge	[hɪndʒ]
tapete (m) de entrada	doormat	['dɔːmæt]
fechadura (f)	lock	[lɒk]
buraco (m) da fechadura	keyhole	['kiːhəʊl]
ferrolho (m)	crossbar	['krɒsbɑː(r)]
fecho (ferrolho pequeno)	latch	[lætʃ]
cadeado (m)	padlock	['pædlɒk]
tocar (vt)	to ring (vt)	[tə rɪŋ]
toque (m)	ringing	['rɪŋɪŋ]
campainha (f)	doorbell	['dɔːbel]
botão (m)	button	['bʌtən]
batida (f)	knock	[nɒk]
bater (vi)	to knock (vi)	[tə nɒk]
código (m)	code	[kəʊd]
fechadura (f) de código	code lock	[kəʊd ˌlɒk]
telefone (m) de porta	intercom	['ɪntəkɒm]

81

número (m)	number	['nʌmbə(r)]
placa (f) de porta	doorplate	['dɔ:pleɪt]
vigia (f), olho (m) mágico	peephole	['pi:phəʋl]

85. Casa de campo

aldeia (f)	village	['vɪlɪʤ]
horta (f)	vegetable garden	['veʤtəbəl 'gɑ:dən]
cerca (f)	fence	[fens]
paliçada (f)	picket fence	['pɪkɪt fens]
cancela (f) do jardim	wicket gate	['wɪkɪt geɪt]

celeiro (m)	granary	['grænərɪ]
adega (f)	cellar	['selə(r)]
galpão, barracão (m)	shed	[ʃed]
poço (m)	water well	['wɔ:tə wel]

fogão (m)	stove	[stəʋv]
atiçar o fogo	to heat the stove	[tə hi:t ðə stəʋv]
lenha (carvão ou ~)	firewood	['faɪəwʋd]
acha (lenha)	log	[lɒg]

varanda (f)	veranda	[və'rændə]
alpendre (m)	deck, terrace	[dek], ['terəs]
degraus (m pl) de entrada	front steps	['frʌnt ˌsteps]
balouço (m)	swing	[swɪŋ]

86. Castelo. Palácio

castelo (m)	castle	['kɑ:səl]
palácio (m)	palace	['pælɪs]
fortaleza (f)	fortress	['fɔ:trɪs]
muralha (f)	wall	[wɔ:l]
torre (f)	tower	['taʋə(r)]
calabouço (m)	keep, donjon	[ki:p], ['dɒnʤən]

grade (f) levadiça	portcullis	[ˌpɔ:t'kʌlɪs]
passagem (f) subterrânea	subterranean passage	[ˌsʌbtə'reɪnɪən 'pæsɪʤ]
fosso (m)	moat	[məʋt]
corrente, cadeia (f)	chain	[tʃeɪn]
seteira (f)	arrow loop	['ærəʋ lu:p]
magnífico	magnificent	[mæg'nɪfɪsənt]
majestoso	majestic	[mə'ʤestɪk]
inexpugnável	impregnable	[ɪm'pregnəbəl]
medieval	medieval	[ˌmedɪ'i:vəl]

87. Apartamento

| apartamento (m) | flat | [flæt] |
| quarto (m) | room | [rʋ:m] |

quarto (m) de dormir	bedroom	['bedrʊm]
sala (f) de jantar	dining room	['daɪnɪŋ rʊm]
sala (f) de estar	living room	['lɪvɪŋ ruːm]
escritório (m)	study	['stʌdɪ]

antessala (f)	entry room	['entrɪ ruːm]
quarto (m) de banho	bathroom	['bɑ:θrʊm]
toilette (lavabo)	water closet	['wɔːtə 'klɒzɪt]

teto (m)	ceiling	['siːlɪŋ]
chão, soalho (m)	floor	[flɔː(r)]
canto (m)	corner	['kɔːnə(r)]

88. Apartamento. Limpeza

arrumar, limpar (vt)	to clean (vi, vt)	[tə kliːn]
pó (m)	dust	[dʌst]
empoeirado	dusty	['dʌstɪ]
limpar o pó	to dust (vt)	[tə dʌst]
aspirador (m)	vacuum cleaner	['vækjʊəm 'kliːnə(r)]
aspirar (vt)	to vacuum (vt)	[tə 'vækjʊəm]

varrer (vt)	to sweep (vi, vt)	[tə swiːp]
sujeira (f)	sweepings	['swiːpɪŋz]
arrumação (f), ordem (f)	order	['ɔːdə(r)]
desordem (f)	disorder	[dɪs'ɔːdə(r)]

esfregão (m)	mop	[mɒp]
pano (m), trapo (m)	duster	['dʌstə(r)]
vassoura (f)	broom	[bruːm]
pá (f) de lixo	dustpan	['dʌstpæn]

89. Mobiliário. Interior

mobiliário (m)	furniture	['fɜːnɪʧə(r)]
mesa (f)	table	['teɪbəl]
cadeira (f)	chair	[ʧeə(r)]
cama (f)	bed	[bed]
divã (m)	sofa, settee	['səʊfə], [se'tiː]
cadeirão (m)	armchair	['ɑ:mʧeə(r)]

| estante (f) | bookcase | ['bʊkkeɪs] |
| prateleira (f) | shelf | [ʃelf] |

guarda-vestidos (m)	wardrobe	['wɔːdrəʊb]
cabide (m) de parede	coat rack	['kəʊt ˌræk]
cabide (m) de pé	coat stand	['kəʊt stænd]

cómoda (f)	chest of drawers	[ˌʧest əv 'drɔːz]
mesinha (f) de centro	coffee table	['kɒfɪ 'teɪbəl]
espelho (m)	mirror	['mɪrə(r)]
tapete (m)	carpet	['kɑːpɪt]

tapete (m) pequeno	**small carpet**	[smɔːl ˈkɑːpɪt]
lareira (f)	**fireplace**	[ˈfaɪəpleɪs]
vela (f)	**candle**	[ˈkændəl]
castiçal (m)	**candlestick**	[ˈkændəlstɪk]

cortinas (f pl)	**drapes**	[dreɪps]
papel (m) de parede	**wallpaper**	[ˈwɔːlˌpeɪpə(r)]
estores (f pl)	**blinds**	[blaɪndz]

candeeiro (m) de mesa	**table lamp**	[ˈteɪbəl læmp]
candeeiro (m) de pé	**standard lamp**	[ˈstændəd læmp]
lustre (m)	**chandelier**	[ˌʃændəˈlɪə(r)]

pé (de mesa, etc.)	**leg**	[leg]
braço (m)	**armrest**	[ˈɑːmrest]
costas (f pl)	**back**	[bæk]
gaveta (f)	**drawer**	[drɔː(r)]

90. Quarto de dormir

roupa (f) de cama	**bedclothes**	[ˈbedkləʊðz]
almofada (f)	**pillow**	[ˈpɪləʊ]
fronha (f)	**pillowslip**	[ˈpɪləʊslɪp]
cobertor (m)	**duvet**	[ˈduːveɪ]
lençol (m)	**sheet**	[ʃiːt]
colcha (f)	**bedspread**	[ˈbedspred]

91. Cozinha

cozinha (f)	**kitchen**	[ˈkɪtʃɪn]
gás (m)	**gas**	[gæs]
fogão (m) a gás	**gas cooker**	[gæs ˈkʊkə(r)]
fogão (m) elétrico	**electric cooker**	[ɪˈlektrɪk ˈkʊkə(r)]
forno (m)	**oven**	[ˈʌvən]
forno (m) de micro-ondas	**microwave oven**	[ˈmaɪkrəweɪv ˈʌvən]

frigorífico (m)	**refrigerator**	[rɪˈfrɪdʒəreɪtə(r)]
congelador (m)	**freezer**	[ˈfriːzə(r)]
máquina (f) de lavar louça	**dishwasher**	[ˈdɪʃˌwɒʃə(r)]

moedor (m) de carne	**mincer**	[ˈmɪnsə(r)]
espremedor (m)	**juicer**	[ˈdʒuːsə]
torradeira (f)	**toaster**	[ˈtəʊstə(r)]
batedeira (f)	**mixer**	[ˈmɪksə(r)]

máquina (f) de café	**coffee machine**	[ˈkɒfɪ məˈʃiːn]
cafeteira (f)	**coffee pot**	[ˈkɒfɪ pɒt]
moinho (m) de café	**coffee grinder**	[ˈkɒfɪ ˈgraɪndə(r)]

chaleira (f)	**kettle**	[ˈketəl]
bule (m)	**teapot**	[ˈtiːpɒt]
tampa (f)	**lid**	[lɪd]

coador (m) de chá	tea strainer	[ti: 'streɪnə(r)]
colher (f)	spoon	[spu:n]
colher (f) de chá	teaspoon	['ti:spu:n]
colher (f) de sopa	soup spoon	[su:p spu:n]
garfo (m)	fork	[fɔ:k]
faca (f)	knife	[naɪf]

louça (f)	tableware	['teɪbəlweə(r)]
prato (m)	plate	[pleɪt]
pires (m)	saucer	['sɔ:sə(r)]

cálice (m)	shot glass	[ʃɒt glɑ:s]
copo (m)	glass	[glɑ:s]
chávena (f)	cup	[kʌp]

açucareiro (m)	sugar bowl	['ʃʊgə ˌbəʊl]
saleiro (m)	salt cellar	[sɔ:lt 'selə(r)]
pimenteiro (m)	pepper pot	['pepə(r) pɒt]
manteigueira (f)	butter dish	['bʌtə dɪʃ]

panela, caçarola (f)	stock pot	[stɒk pɒt]
frigideira (f)	frying pan	['fraɪɪŋ pæn]
concha (f)	ladle	['leɪdəl]
passador (m)	colander	['kʌləndə(r)]
bandeja (f)	tray	[treɪ]

garrafa (f)	bottle	['bɒtəl]
boião (m) de vidro	jar	[dʒɑ:(r)]
lata (f)	tin	[tɪn]

abre-garrafas (m)	bottle opener	['bɒtəl 'əʊpənə(r)]
abre-latas (m)	tin opener	[tɪn 'əʊpənə(r)]
saca-rolhas (m)	corkscrew	['kɔ:kskru:]
filtro (m)	filter	['fɪltə(r)]
filtrar (vt)	to filter (vt)	[tə 'fɪltə(r)]

| lixo (m) | waste | [weɪst] |
| balde (m) do lixo | waste bin | [weɪst bɪn] |

92. Casa de banho

quarto (m) de banho	bathroom	['bɑ:θrʊm]
água (f)	water	['wɔ:tə(r)]
torneira (f)	tap	[tæp]
água (f) quente	hot water	[hɒt 'wɔ:tə(r)]
água (f) fria	cold water	[ˌkəʊld 'wɔ:tə(r)]

| pasta (f) de dentes | toothpaste | ['tu:θpeɪst] |
| escovar os dentes | to clean one's teeth | [tə kli:n wʌns 'ti:θ] |

barbear-se (vr)	to shave (vi)	[tə ʃeɪv]
espuma (f) de barbear	shaving foam	['ʃeɪvɪŋ fəʊm]
máquina (f) de barbear	razor	['reɪzə(r)]
lavar (vt)	to wash (vt)	[tə wɒʃ]

lavar-se (vr)	to have a bath	[tə hæv ə bɑːθ]
duche (m)	shower	[ˈʃaʊə(r)]
tomar um duche	to have a shower	[tə hæv ə ˈʃaʊə(r)]

banheira (f)	bath	[bɑːθ]
sanita (f)	toilet	[ˈtɔɪlɪt]
lavatório (m)	sink, washbasin	[sɪŋk], [ˈwɒʃ͵beɪsən]

sabonete (m)	soap	[səʊp]
saboneteira (f)	soap dish	[ˈsəʊpdɪʃ]

esponja (f)	sponge	[spʌndʒ]
champô (m)	shampoo	[ʃæmˈpuː]
toalha (f)	towel	[ˈtaʊəl]
roupão (m) de banho	bathrobe	[ˈbɑːθrəʊb]

lavagem (f)	laundry	[ˈlɔːndrɪ]
máquina (f) de lavar	washing machine	[ˈwɒʃɪŋ məˈʃiːn]
lavar a roupa	to do the laundry	[tə duː ðə ˈlɔːndrɪ]
detergente (m)	washing powder	[ˈwɒʃɪŋ ˈpaʊdə(r)]

93. Eletrodomésticos

televisor (m)	TV, telly	[͵tiːˈviː], [ˈtelɪ]
gravador (m)	tape recorder	[teɪp rɪˈkɔːdə(r)]
videogravador (m)	video	[ˈvɪdɪəʊ]
rádio (m)	radio	[ˈreɪdɪəʊ]
leitor (m)	player	[ˈpleɪə(r)]

projetor (m)	video projector	[ˈvɪdɪəʊ prəˈdʒektə(r)]
cinema (m) em casa	home cinema	[həʊm ˈsɪnəmə]
leitor (m) de DVD	DVD player	[͵diːviːˈdiː ˈpleɪə(r)]
amplificador (m)	amplifier	[ˈæmplɪfaɪə]
console (f) de jogos	video game console	[ˈvɪdɪəʊ geɪm ˈkɒnsəʊl]

câmara (f) de vídeo	video camera	[ˈvɪdɪəʊ ˈkæmərə]
máquina (f) fotográfica	camera	[ˈkæmərə]
câmara (f) digital	digital camera	[ˈdɪdʒɪtəl ˈkæmərə]
aspirador (m)	vacuum cleaner	[ˈvækjʊəm ˈkliːnə(r)]
ferro (m) de engomar	iron	[ˈaɪən]
tábua (f) de engomar	ironing board	[ˈaɪrənɪŋ bɔːd]

telefone (m)	telephone	[ˈtelɪfəʊn]
telemóvel (m)	mobile phone	[ˈməʊbaɪl fəʊn]
máquina (f) de escrever	typewriter	[ˈtaɪp͵raɪtə(r)]
máquina (f) de costura	sewing machine	[ˈsəʊɪŋ məˈʃiːn]

microfone (m)	microphone	[ˈmaɪkrəfəʊn]
auscultadores (m pl)	headphones	[ˈhedfəʊnz]
controlo remoto (m)	remote control	[rɪˈməʊt kənˈtrəʊl]

CD (m)	CD, compact disc	[͵siːˈdiː], [kəmˈpækt dɪsk]
cassete (f)	cassette, tape	[kæˈset], [teɪp]
disco (m) de vinil	vinyl record	[ˈvaɪnɪl ˈrekɔːd]

94. Reparações. Renovação

renovação (f)	renovations	[ˌrenə'veɪʃənz]
renovar (vt), fazer obras	to renovate (vt)	[tə 'renəveɪt]
reparar (vt)	to repair (vt)	[tə rɪ'peə(r)]
consertar (vt)	to put in order	[tə pʊt ɪn 'ɔ:də(r)]
refazer (vt)	to redo (vt)	[tə ˌri:'du:]
tinta (f)	paint	[peɪnt]
pintar (vt)	to paint (vt)	[tə peɪnt]
pintor (m)	house painter	[haʊs 'peɪntə(r)]
pincel (m)	brush	[brʌʃ]
cal (f)	whitewash	['waɪtwɒʃ]
caiar (vt)	to whitewash (vt)	[tə 'waɪtwɒʃ]
papel (m) de parede	wallpaper	['wɔ:lˌpeɪpə(r)]
colocar papel de parede	to wallpaper (vt)	[tə 'wɔ:lˌpeɪpə]
verniz (m)	varnish	['vɑ:nɪʃ]
envernizar (vt)	to varnish (vt)	[tə 'vɑ:nɪʃ]

95. Canalizações

água (f)	water	['wɔ:tə(r)]
água (f) quente	hot water	[hɒt 'wɔ:tə(r)]
água (f) fria	cold water	[ˌkəʊld 'wɔ:tə(r)]
torneira (f)	tap	[tæp]
gota (f)	drop	[drɒp]
gotejar (vi)	to drip (vi)	[tə drɪp]
vazar (vt)	to leak (vi)	[tə li:k]
vazamento (m)	leak	[li:k]
poça (f)	puddle	['pʌdəl]
tubo (m)	pipe	[paɪp]
válvula (f)	valve	[vælv]
entupir-se (vr)	to be clogged up	[tə bi: ˌklɒgd 'ʌp]
ferramentas (f pl)	tools	[tu:lz]
chave (f) inglesa	adjustable spanner	[ə'dʒʌstəbəl 'spænə(r)]
desenroscar (vt)	to unscrew (vt)	[tə ˌʌn'skru:]
enroscar (vt)	to screw (vt)	[tə skru:]
desentupir (vt)	to unclog (vt)	[tə ˌʌn'klɒg]
canalizador (m)	plumber	['plʌmə(r)]
cave (f)	basement	['beɪsmənt]
sistema (m) de esgotos	sewerage	['sʊərɪdʒ]

96. Fogo. Deflagração

incêndio (m)	fire	['faɪə(r)]
chama (f)	flame	[fleɪm]

faísca (f)	spark	[spɑːk]
fumo (m)	smoke	[sməʊk]
tocha (f)	torch	[tɔːtʃ]
fogueira (f)	campfire	['kæmpˌfaɪə(r)]

gasolina (f)	petrol	['petrəl]
querosene (m)	paraffin	['pærəfɪn]
inflamável	flammable	['flæməbəl]
explosivo	explosive	[ɪk'spləʊsɪv]
PROIBIDO FUMAR!	NO SMOKING	[nəʊ 'sməʊkɪŋ]

segurança (f)	safety	['seɪftɪ]
perigo (m)	danger	['deɪndʒə(r)]
perigoso	dangerous	['deɪndʒərəs]

incendiar-se (vr)	to catch fire	[tə kætʃ 'faɪə(r)]
explosão (f)	explosion	[ɪk'spləʊʒən]
incendiar (vt)	to set fire	[tə set 'faɪə(r)]
incendiário (m)	arsonist	['ɑːsənɪst]
incêndio (m) criminoso	arson	['ɑːsən]

arder (vi)	to blaze (vi)	[tə bleɪz]
queimar (vi)	to burn (vi)	[tə bɜːn]
queimar tudo (vi)	to burn down (vi)	[tə bɜːn daʊn]

chamar os bombeiros	to call the fire brigade	[tə kɔːl ðə 'faɪə brɪ'geɪd]
bombeiro (m)	firefighter	['faɪəfaɪtə]
carro (m) de bombeiros	fire engine	['faɪər 'endʒɪn]
corpo (m) de bombeiros	fire brigade	['faɪə brɪ'geɪd]
escada (f) extensível	fire engine ladder	['faɪər 'endʒɪn 'lædə]

mangueira (f)	fire hose	[ˌfaɪə 'həʊz]
extintor (m)	fire extinguisher	['faɪər ɪk'stɪŋgwɪʃə(r)]
capacete (m)	helmet	['helmɪt]
sirene (f)	siren	['saɪərən]

gritar (vi)	to cry (vi)	[tə kraɪ]
chamar por socorro	to call for help	[tə kɔːl fɔː help]
salvador (m)	rescuer	['reskjʊə(r)]
salvar, resgatar (vt)	to rescue (vt)	[tə 'reskjuː]

chegar (vi)	to arrive (vi)	[tə ə'raɪv]
apagar (vt)	to extinguish (vt)	[tə ɪk'stɪŋwɪʃ]
água (f)	water	['wɔːtə(r)]
areia (f)	sand	[sænd]

ruínas (f pl)	ruins	['ruːɪnz]
ruir (vi)	to collapse (vi)	[tə kə'læps]
desmoronar (vi)	to fall down (vi)	[tə fɔːl daʊn]
desabar (vi)	to cave in	[tə keɪv ɪn]

| fragmento (m) | piece of debris | [piːs əv 'deɪbriː] |
| cinza (f) | ash | [æʃ] |

| sufocar (vi) | to suffocate (vi) | [tə 'sʌfəkeɪt] |
| perecer (vi) | to be killed | [tə biː 'kɪld] |

ATIVIDADES HUMANAS

Emprego. Negócios. Parte 1

97. Banca

banco (m)	bank	[bæŋk]
sucursal, balcão (f)	branch	[brɑ:nʧ]
consultor (m)	consultant	[kən'sʌltənt]
gerente (m)	manager	['mænɪʤə(r)]
conta (f)	bank account	[bæŋk ə'kaʊnt]
número (m) da conta	account number	[ə'kaʊnt 'nʌmbə(r)]
conta (f) corrente	current account	['kʌrənt ə'kaʊnt]
conta (f) poupança	deposit account	[dɪ'pɒzɪt ə'kaʊnt]
abrir uma conta	to open an account	[tu 'əʊpən ən ə'kaʊnt]
fechar uma conta	to close the account	[tə kləʊz ði ə'kaʊnt]
depósito (m)	deposit	[dɪ'pɒzɪt]
fazer um depósito	to make a deposit	[tə meɪk ə dɪ'pɒzɪt]
transferência (f) bancária	wire transfer	['waɪə 'trænsfɜ:(r)]
transferir (vt)	to wire, to transfer	[tə 'waɪə], [tə træns'fɜ:]
soma (f)	sum	[sʌm]
Quanto?	How much?	[ˌhaʊ 'mʌʧ]
assinatura (f)	signature	['sɪgnəʧə(r)]
assinar (vt)	to sign (vt)	[tə saɪn]
cartão (m) de crédito	credit card	['kredɪt kɑ:d]
código (m)	code	[kəʊd]
número (m) do cartão de crédito	credit card number	['kredɪt kɑ:d 'nʌmbə(r)]
Caixa Multibanco (m)	cashpoint	['kæʃpoɪnt]
cheque (m)	cheque	[ʧek]
passar um cheque	to write a cheque	[tə ˌraɪt ə 'ʧek]
livro (m) de cheques	chequebook	['ʧekˌbʊk]
empréstimo (m)	loan	[ləʊn]
pedir um empréstimo	to apply for a loan	[tə ə'plaɪ fɔ:rə ləʊn]
obter um empréstimo	to get a loan	[tə get ə ləʊn]
conceder um empréstimo	to give a loan	[tə gɪv ə ləʊn]
garantia (f)	guarantee	[ˌgærən'ti:]

98. Telefone. Conversação telefónica

telefone (m)	telephone	['telɪfəʊn]
telemóvel (m)	mobile phone	['məʊbaɪl fəʊn]
secretária (f) electrónica	answerphone	['ænsəfəʊn]
fazer uma chamada	to ring (vi, vt)	[tə rɪŋ]
chamada (f)	call, ring	[kɔːl], [rɪŋ]
marcar um número	to dial a number	[tə 'daɪəl ə 'nʌmbə(r)]
Alô!	Hello!	[hə'ləʊ]
perguntar (vt)	to ask (vt)	[tə ɑːsk]
responder (vt)	to answer (vi, vt)	[tə 'ɑːnsə(r)]
ouvir (vt)	to hear (vt)	[tə hɪə(r)]
bem	well	[wel]
mal	not well	[nɒt wel]
ruído (m)	noises	[nɔɪzɪz]
auscultador (m)	receiver	[rɪ'siːvə(r)]
pegar o telefone	to pick up the phone	[tə pɪk ʌp ðə fəʊn]
desligar (vi)	to hang up	[tə hæŋg ʌp]
ocupado	busy	['bɪzɪ]
tocar (vi)	to ring (vi)	[tə rɪŋ]
lista (f) telefónica	telephone book	['telɪfəʊn bʊk]
local	local	['ləʊkəl]
chamada (f) local	local call	['ləʊkəl kɔːl]
de longa distância	trunk	[trʌŋk]
chamada (f) de longa distância	trunk call	[trʌŋk kɔːl]
internacional	international	[ˌɪntə'næʃənəl]
chamada (f) internacional	international call	[ˌɪntə'næʃənəl kɔːl]

99. Telefone móvel

telemóvel (m)	mobile phone	['məʊbaɪl fəʊn]
ecrã (m)	display	[dɪ'spleɪ]
botão (m)	button	['bʌtən]
cartão SIM (m)	SIM card	[sɪm kɑːd]
bateria (f)	battery	['bætərɪ]
descarregar-se	to be flat	[tə bi flæt]
carregador (m)	charger	['ʧɑːdʒə(r)]
menu (m)	menu	['menjuː]
definições (f pl)	settings	['setɪŋz]
melodia (f)	tune	[tjuːn]
escolher (vt)	to select (vt)	[tə sɪ'lekt]
calculadora (f)	calculator	['kælkjʊleɪtə(r)]
correio (m) de voz	voice mail	[vɔɪs meɪl]

| despertador (m) | alarm clock | [ə'lɑːm klɒk] |
| contatos (m pl) | contacts | ['kɒntækts] |

| mensagem (f) de texto | SMS | [ˌesem'es] |
| assinante (m) | subscriber | [səb'skraɪbə(r)] |

100. Estacionário

| caneta (f) | ballpoint pen | ['bɔːlpɔɪnt pen] |
| caneta (f) tinteiro | fountain pen | ['faʊntɪn pen] |

lápis (m)	pencil	['pensəl]
marcador (m)	highlighter	['haɪlaɪtə(r)]
caneta (f) de feltro	felt-tip pen	[felt tɪp pen]

| bloco (m) de notas | notepad | ['nəʊtpæd] |
| agenda (f) | diary | ['daɪərɪ] |

régua (f)	ruler	['ruːlə(r)]
calculadora (f)	calculator	['kælkjʊleɪtə(r)]
borracha (f)	rubber	['rʌbə(r)]
pionés (m)	drawing pin	['drɔːɪŋ pɪn]
clipe (m)	paper clip	['peɪpə klɪp]

cola (f)	glue	[gluː]
agrafador (m)	stapler	['steɪplə(r)]
furador (m)	hole punch	[həʊl pʌntʃ]
afia-lápis (m)	pencil sharpener	['pensəl 'ʃɑːpənə(r)]

Emprego. Negócios. Parte 2

101. Media

jornal (m)	newspaper	['nju:z,peɪpə(r)]
revista (f)	magazine	[ˌmægə'zi:n]
imprensa (f)	press	[pres]
rádio (m)	radio	['reɪdɪəʊ]
estação (f) de rádio	radio station	['reɪdɪəʊ 'steɪʃən]
televisão (f)	television	['telɪˌvɪʒən]
apresentador (m)	presenter, host	[prɪ'zentə(r)], [həʊst]
locutor (m)	newsreader	['nju:zˌri:də(r)]
comentador (m)	commentator	['kɒmənˌteɪtə(r)]
jornalista (m)	journalist	['dʒɜ:nəlɪst]
correspondente (m)	correspondent	[ˌkɒrɪ'spɒndənt]
repórter (m) fotográfico	press photographer	[pres fə'tɒgrəfə(r)]
repórter (m)	reporter	[rɪ'pɔ:tə(r)]
redator (m)	editor	['edɪtə(r)]
redator-chefe (m)	editor-in-chief	['edɪtər ɪn tʃi:f]
assinar a ...	to subscribe to ...	[tə səb'skraɪb]
assinatura (f)	subscription	[səb'skrɪpʃən]
assinante (m)	subscriber	[səb'skraɪbə(r)]
ler (vt)	to read (vi, vt)	[tə ri:d]
leitor (m)	reader	['ri:də(r)]
tiragem (f)	circulation	[ˌsɜ:kjʊ'leɪʃən]
mensal	monthly	['mʌnθlɪ]
semanal	weekly	['wi:klɪ]
número (jornal, revista)	issue	['ɪʃu:]
recente	new, recent	[nju:], ['ri:sənt]
manchete (f)	headline	['hedlaɪn]
pequeno artigo (m)	short article	[ʃɔ:t 'ɑ:tɪkəl]
coluna (~ semanal)	column	['kɒləm]
artigo (m)	article	['ɑ:tɪkəl]
página (f)	page	[peɪdʒ]
reportagem (f)	reportage, report	[ˌrepɔ:'tɑ:ʒ], [rɪ'pɔ:t]
evento (m)	event	[ɪ'vent]
sensação (f)	sensation	[sen'seɪʃən]
escândalo (m)	scandal	['skændəl]
escandaloso	scandalous	['skændələs]
grande	great	[greɪt]
programa (m) de TV	programme	['prəʊgræm]
entrevista (f)	interview	['ɪntəvju:]

| transmissão (f) em direto | live broadcast | [laɪv 'brɔːdkɑːst] |
| canal (m) | channel | ['tʃænəl] |

102. Agricultura

agricultura (f)	agriculture	['ægrɪˌkʌltʃə(r)]
camponês (m)	peasant	['pezənt]
camponesa (f)	peasant	['pezənt]
agricultor (m)	farmer	['fɑːmə(r)]

| trator (m) | tractor | ['træktə(r)] |
| ceifeira-debulhadora (f) | harvester | ['hɑːvɪstə(r)] |

arado (m)	plough	[plaʊ]
arar (vt)	to plough (vi, vt)	[tə plaʊ]
campo (m) lavrado	ploughland	[plaʊ lænd]
rego (m)	furrow	['fʌrəʊ]

semear (vt)	to sow (vi, vt)	[tə səʊ]
semeadora (f)	seeder	['siːdə(r)]
semeadura (f)	sowing	['səʊɪŋ]

| gadanha (f) | scythe | [saɪð] |
| gadanhar (vt) | to mow, to scythe | [tə məʊ], [tə saɪð] |

| pá (f) | spade | [speɪd] |
| cavar (vt) | to till (vt) | [tə tɪl] |

enxada (f)	hoe	[həʊ]
carpir (vt)	to hoe, to weed	[tə həʊ], [tə wiːd]
erva (f) daninha	weed	[wiːd]

regador (m)	watering can	['wɔːtərɪŋ kæn]
regar (vt)	to water (vt)	[tə 'wɔːtə(r)]
rega (f)	watering	['wɔːtərɪŋ]

| forquilha (f) | pitchfork | ['pɪtʃfɔːk] |
| ancinho (m) | rake | [reɪk] |

fertilizante (m)	fertiliser	['fɜːtɪlaɪzə(r)]
fertilizar (vt)	to fertilise (vt)	[tə 'fɜːtɪlaɪz]
estrume (m)	manure	[mə'njʊə(r)]

campo (m)	field	[fiːld]
prado (m)	meadow	['medəʊ]
horta (f)	vegetable garden	['vedʒtəbəl 'gɑːdən]
pomar (m)	orchard	['ɔːtʃəd]

pastar (vt)	to graze (vt)	[tə greɪz]
pastor (m)	herdsman	['hɜːdzmən]
pastagem (f)	pasture	['pɑːstə(r)]

| pecuária (f) | cattle breeding | ['kætəl 'briːdɪŋ] |
| criação (f) de ovelhas | sheep farming | [ʃiːp 'fɑːmɪŋ] |

plantação (f)	plantation	[plæn'teɪʃən]
canteiro (m)	row	[rəʊ]
invernadouro (m)	hothouse	['hɒthaʊs]

seca (f)	drought	[draʊt]
seco (verão ~)	dry	[draɪ]

cereal (m)	grain	[greɪn]
colher (vt)	to harvest (vt)	[tə 'hɑːvɪst]

moleiro (m)	miller	['mɪlə(r)]
moinho (m)	mill	[mɪl]
moer (vt)	to grind (vt)	[tə graɪnd]
farinha (f)	flour	['flaʊə(r)]
palha (f)	straw	[strɔː]

103. Construção. Processo de construção

canteiro (m) de obras	building site	['bɪldɪŋ saɪt]
construir (vt)	to build (vt)	[tə bɪld]
construtor (m)	building worker	['bɪldɪŋ ˌwɜːkə(r)]

projeto (m)	project	['prɒdʒekt]
arquiteto (m)	architect	['ɑːkɪtekt]
operário (m)	worker	['wɜːkə(r)]

fundação (f)	foundations	[faʊn'deɪʃənz]
telhado (m)	roof	[ruːf]
estaca (f)	foundation pile	[faʊn'deɪʃən paɪl]
parede (f)	wall	[wɔːl]

varões (m pl) para betão	reinforcing bars	[ˌriːɪn'fɔːsɪŋ bɑː(r)s]
andaime (m)	scaffolding	['skæfəldɪŋ]

betão (m)	concrete	['kɒŋkriːt]
granito (m)	granite	['grænɪt]
pedra (f)	stone	[stəʊn]
tijolo (m)	brick	[brɪk]

areia (f)	sand	[sænd]
cimento (m)	cement	[sɪ'ment]
emboço (m)	plaster	['plɑːstə(r)]
emboçar (vt)	to plaster (vt)	[tə 'plɑːstə(r)]

tinta (f)	paint	[peɪnt]
pintar (vt)	to paint (vt)	[tə peɪnt]
barril (m)	barrel	['bærəl]

grua (f), guindaste (m)	crane	[kreɪn]
erguer (vt)	to lift (vt)	[tə lɪft]
baixar (vt)	to lower (vt)	[tə 'ləʊə(r)]

buldózer (m)	bulldozer	['bʊldəʊzə(r)]
escavadora (f)	excavator	['ekskəˌveɪtə(r)]

caçamba (f)	**scoop, bucket**	[skuːp], [ˈbʌkɪt]
escavar (vt)	**to dig** (vt)	[tə dɪg]
capacete (m) de proteção	**hard hat**	[hɑːd hæt]

Profissões e ocupações

104. Procura de emprego. Demissão

trabalho (m)	job	[dʒɒb]
equipa (f)	staff	[stɑ:f]
pessoal (m)	personnel	[ˌpɜ:sə'nel]
carreira (f)	career	[kə'rɪə(r)]
perspetivas (f pl)	prospects	['prɒspekts]
mestria (f)	skills, mastery	[skɪls], ['mɑ:stərɪ]
seleção (f)	selection	[sɪ'lekʃən]
agência (f) de emprego	employment agency	[ɪm'plɔɪmənt 'eɪdʒənsɪ]
CV, currículo (m)	CV	[ˌsi:'vi:]
entrevista (f) de emprego	job interview	['dʒɒb ˌɪntəvju:]
vaga (f)	vacancy	['veɪkənsɪ]
salário (m)	salary, pay	['sælərɪ], [peɪ]
pagamento (m)	pay, compensation	[peɪ], [ˌkɒmpen'seɪʃən]
posto (m)	position	[pə'zɪʃən]
dever (do empregado)	duty	['dju:tɪ]
gama (f) de deveres	range of duties	[reɪndʒ əv 'dju:tɪz]
ocupado	busy	['bɪzɪ]
despedir, demitir (vt)	to fire, to dismiss	[tə 'faɪə], [tə dɪs'mɪs]
demissão (f)	dismissal	[dɪs'mɪsəl]
desemprego (m)	unemployment	[ˌʌnɪm'plɔɪmənt]
desempregado (m)	unemployed	[ˌʌnɪm'plɔɪd]
reforma (f)	retirement	[rɪ'taɪəmənt]
reformar-se	to retire (vi)	[tə rɪ'taɪə(r)]

105. Gente de negócios

diretor (m)	director	[dɪ'rektə(r)]
gerente (m)	manager	['mænɪdʒə(r)]
patrão, chefe (m)	boss	[bɒs]
superior (m)	superior	[su:'pɪərɪə]
superiores (m pl)	superiors	[su:'pɪərɪərz]
presidente (m)	president	['prezɪdənt]
presidente (m) de direção	chairman	['ʧeəmən]
substituto (m)	deputy	['depjʊtɪ]
assistente (m)	assistant	[ə'sɪstənt]
secretário (m)	secretary	['sekrətərɪ]

secretário (m) pessoal	personal assistant	['pɜːsənəl ə'sistənt]
homem (m) de negócios	businessman	['bɪznɪsmæn]
empresário (m)	entrepreneur	[ˌɒntrəprə'nɜː(r)]
fundador (m)	founder	['faʊndə(r)]
fundar (vt)	to found (vt)	[tə faʊnd]

fundador, sócio (m)	incorporator	[ɪn'kɔːpəreɪtə]
parceiro, sócio (m)	partner	['pɑːtnə(r)]
acionista (m)	shareholder	['ʃeəˌhəʊldə(r)]

milionário (m)	millionaire	[ˌmɪljə'neə(r)]
bilionário (m)	billionaire	[ˌbɪljə'neə(r)]
proprietário (m)	owner	['əʊnə(r)]
proprietário (m) de terras	landowner	['lændˌəʊnə(r)]

cliente (m)	client	['klaɪənt]
cliente (m) habitual	regular client	['regjʊlə 'klaɪənt]
comprador (m)	buyer	['baɪə(r)]
visitante (m)	visitor	['vɪzɪtə(r)]

profissional (m)	professional	[prə'feʃənəl]
perito (m)	expert	['ekspɜːt]
especialista (m)	specialist	['speʃəlɪst]

banqueiro (m)	banker	['bæŋkə(r)]
corretor (m)	broker	['brəʊkə(r)]

caixa (m, f)	cashier	[kæ'ʃɪə(r)]
contabilista (m)	accountant	[ə'kaʊntənt]
guarda (m)	security guard	[sɪ'kjʊərətɪ gɑːd]

investidor (m)	investor	[ɪn'vestə(r)]
devedor (m)	debtor	['detə(r)]
credor (m)	creditor	['kredɪtə(r)]
mutuário (m)	borrower	['bɒrəʊə(r)]

importador (m)	importer	[ɪm'pɔːtə(r)]
exportador (m)	exporter	[ek'spɔːtə(r)]

produtor (m)	manufacturer	[ˌmænjʊ'fæktʃərə(r)]
distribuidor (m)	distributor	[dɪ'strɪbjʊtə(r)]
intermediário (m)	middleman	['mɪdəlmæn]

consultor (m)	consultant	[kən'sʌltənt]
representante (m)	sales representative	['seɪlz ˌreprɪ'zentətɪv]
agente (m)	agent	['eɪdʒənt]
agente (m) de seguros	insurance agent	[ɪn'ʃɔːrəns 'eɪdʒənt]

106. Profissões de serviços

cozinheiro (m)	cook	[kʊk]
cozinheiro chefe (m)	chef	[ʃef]
barman (m)	barman	['bɑːmən]
empregado (m) de mesa	waiter	['weɪtə(r)]

empregada (f) de mesa	waitress	['weitris]
advogado (m)	lawyer, barrister	['lɔ:jə(r)], ['bærɪstə(r)]
jurista (m)	lawyer	['lɔ:jə(r)]
notário (m)	notary public	['nəʊtərɪ 'pʌblɪk]

eletricista (m)	electrician	[ˌɪlek'trɪʃən]
canalizador (m)	plumber	['plʌmə(r)]
carpinteiro (m)	carpenter	['kɑ:pəntə(r)]

massagista (m)	masseur	[mæ's3:]
massagista (f)	masseuse	[mæ'su:z]
médico (m)	doctor	['dɒktə(r)]

taxista (m)	taxi driver	['tæksɪ 'draɪvə(r)]
condutor (automobilista)	driver	['draɪvə(r)]
entregador (m)	delivery man	[dɪ'lɪvərɪ mæn]

camareira (f)	chambermaid	['tʃeɪmbəˌmeɪd]
guarda (m)	security guard	[sɪ'kjʊərətɪ gɑ:d]
hospedeira (f) de bordo	stewardess	['stjʊədɪs]

professor (m)	teacher	['ti:tʃə(r)]
bibliotecário (m)	librarian	[laɪ'breərɪən]
tradutor (m)	translator	[træns'leɪtə(r)]
intérprete (m)	interpreter	[ɪn'tɜ:prɪtə(r)]
guia (pessoa)	guide	[gaɪd]

cabeleireiro (m)	hairdresser	['heəˌdresə(r)]
carteiro (m)	postman	[pəʊstmən]
vendedor (m)	shop assistant	[ʃɒp ə'sɪstənt]

jardineiro (m)	gardener	['gɑ:dnə(r)]
criado (m)	servant	['s3:vənt]
criada (f)	maid	[meɪd]
empregada (f) de limpeza	cleaner	['kli:nə(r)]

107. Profissões militares e postos

soldado (m) raso	private	['praɪvɪt]
sargento (m)	sergeant	['sɑ:dʒənt]
tenente (m)	lieutenant	[lef'tenənt]
capitão (m)	captain	['kæptɪn]

major (m)	major	['meɪdʒə(r)]
coronel (m)	colonel	['k3:nəl]
general (m)	general	['dʒenərəl]
marechal (m)	marshal	['mɑ:ʃəl]
almirante (m)	admiral	['ædmərəl]

militar (m)	military	['mɪlɪtərɪ]
soldado (m)	soldier	['səʊldʒə(r)]
oficial (m)	officer	['ɒfɪsə(r)]
comandante (m)	commander	[kə'mɑ:ndə(r)]
guarda (m) fronteiriço	border guard	['bɔ:də gɑ:d]

operador (m) de rádio	radio operator	['reɪdɪəʊ 'ɒpəreɪtə(r)]
explorador (m)	scout	[skaʊt]
sapador (m)	pioneer	[ˌpaɪə'nɪə(r)]
atirador (m)	marksman	['mɑːksmən]
navegador (m)	navigator	['nævɪgeɪtə(r)]

108. Oficiais. Padres

| rei (m) | king | [kɪŋ] |
| rainha (f) | queen | [kwiːn] |

| príncipe (m) | prince | [prɪns] |
| princesa (f) | princess | [prɪn'ses] |

| czar (m) | czar | [zɑː(r)] |
| czarina (f) | czarina | [zɑː'riːnə] |

presidente (m)	President	['prezɪdənt]
ministro (m)	Minister	['mɪnɪstə(r)]
primeiro-ministro (m)	Prime Minister	[praɪm 'mɪnɪstə(r)]
senador (m)	Senator	['senətə(r)]

diplomata (m)	diplomat	['dɪpləmæt]
cônsul (m)	consul	['kɒnsəl]
embaixador (m)	ambassador	[æm'bæsədə(r)]
conselheiro (m)	counsellor	['kaʊnsələ(r)]

funcionário (m)	official, functionary	[ə'fɪʃəl], ['fʌŋkʃənərɪ]
prefeito (m)	prefect	['priːfekt]
Presidente (m) da Câmara	mayor	[meə(r)]

| juiz (m) | judge | [dʒʌdʒ] |
| procurador (m) | prosecutor | ['prɒsɪkjuːtə(r)] |

missionário (m)	missionary	['mɪʃənrɪ]
monge (m)	monk	[mʌŋk]
abade (m)	abbot	['æbət]
rabino (m)	rabbi	['ræbaɪ]

vizir (m)	vizier	[vɪ'zɪə(r)]
xá (m)	shah	[ʃɑː]
xeque (m)	sheikh	[ʃeɪk]

109. Profissões agrícolas

apicultor (m)	beekeeper	['biːˌkiːpə(r)]
pastor (m)	shepherd	['ʃepəd]
agrónomo (m)	agronomist	[ə'grɒnəmɪst]
criador (m) de gado	cattle breeder	['kætəl 'briːdə(r)]
veterinário (m)	veterinary surgeon	['vetərɪnrɪ 'sɜːdʒən]
agricultor (m)	farmer	['fɑːmə(r)]
vinicultor (m)	winemaker	['waɪn ˌmeɪkə(r)]

| zoólogo (m) | zoologist | [zəʊ'ɒlədʒɪst] |
| cowboy (m) | cowboy | ['kaʊbɔɪ] |

110. Profissões artísticas

| ator (m) | actor | ['æktə(r)] |
| atriz (f) | actress | ['æktrɪs] |

| cantor (m) | singer | ['sɪŋə(r)] |
| cantora (f) | singer | ['sɪŋə(r)] |

| bailarino (m) | dancer | ['dɑːnsə(r)] |
| bailarina (f) | dancer | ['dɑːnsə(r)] |

músico (m)	musician	[mjuːˈzɪʃən]
pianista (m)	pianist	['pɪənɪst]
guitarrista (m)	guitar player	[gɪ'tɑːr 'pleɪə(r)]

maestro (m)	conductor	[kən'dʌktə(r)]
compositor (m)	composer	[kəm'pəʊzə(r)]
empresário (m)	impresario	[ˌɪmprɪ'sɑːrɪəʊ]

realizador (m)	film director	[fɪlm dɪ'rektə(r)]
produtor (m)	producer	[prə'djuːsə(r)]
argumentista (m)	scriptwriter	['skrɪptˌraɪtə(r)]
crítico (m)	critic	['krɪtɪk]

escritor (m)	writer	['raɪtə(r)]
poeta (m)	poet	['pəʊɪt]
escultor (m)	sculptor	['skʌlptə(r)]
pintor (m)	artist, painter	['ɑːtɪst], ['peɪntə(r)]

malabarista (m)	juggler	['dʒʌglə(r)]
palhaço (m)	clown	[klaʊn]
acrobata (m)	acrobat	['ækrəbæt]
mágico (m)	magician	[mə'dʒɪʃən]

111. Várias profissões

médico (m)	doctor	['dɒktə(r)]
enfermeira (f)	nurse	[nɜːs]
psiquiatra (m)	psychiatrist	[saɪ'kaɪətrɪst]
estomatologista (m)	dentist	['dentɪst]
cirurgião (m)	surgeon	['sɜːdʒən]

astronauta (m)	astronaut	['æstrənɔːt]
astrónomo (m)	astronomer	[ə'strɒnəmə(r)]
piloto (m)	pilot	['paɪlət]

motorista (m)	driver	['draɪvə(r)]
maquinista (m)	train driver	[treɪn 'draɪvə(r)]
mecânico (m)	mechanic	[mɪ'kænɪk]

mineiro (m)	miner	['maɪnə(r)]
operário (m)	worker	['wɜːkə(r)]
serralheiro (m)	locksmith	['lɒksmɪθ]
marceneiro (m)	joiner	['dʒɔɪnə(r)]
torneiro (m)	turner	['tɜːnə(r)]
construtor (m)	building worker	['bɪldɪŋ ˌwɜːkə(r)]
soldador (m)	welder	[weldə(r)]

professor (m) catedrático	professor	[prə'fesə(r)]
arquiteto (m)	architect	['ɑːkɪtekt]
historiador (m)	historian	[hɪ'stɔːrɪən]
cientista (m)	scientist	['saɪəntɪst]
físico (m)	physicist	['fɪzɪsɪst]
químico (m)	chemist	['kemɪst]

arqueólogo (m)	archaeologist	[ˌɑːkɪ'ɒlədʒɪst]
geólogo (m)	geologist	[dʒɪ'ɒlədʒɪst]
pesquisador (cientista)	researcher	[rɪ'sɜːtʃə(r)]

babysitter (f)	babysitter	[ˌbeɪbɪ 'sɪtə(r)]
professor (m)	teacher, educator	['tiːtʃə(r)], ['edʒʊkeɪtə(r)]

redator (m)	editor	['edɪtə(r)]
redator-chefe (m)	editor-in-chief	['edɪtər ɪn tʃiːf]
correspondente (m)	correspondent	[ˌkɒrɪ'spɒndənt]
datilógrafa (f)	typist	['taɪpɪst]

designer (m)	designer	[dɪ'zaɪnə(r)]
especialista (m) em informática	computer expert	[kəm'pjuːtər 'eksp3:t]
programador (m)	programmer	['prəʊɡræmə(r)]
engenheiro (m)	engineer	[ˌendʒɪ'nɪə(r)]

marujo (m)	sailor	['seɪlə(r)]
marinheiro (m)	seaman	['siːmən]
salvador (m)	rescuer	['reskjʊə(r)]

bombeiro (m)	firefighter	['faɪəfaɪtə]
polícia (m)	police officer	[pə'liːs 'ɒfɪsə(r)]
guarda-noturno (m)	watchman	['wɒtʃmən]
detetive (m)	detective	[dɪ'tektɪv]

funcionário (m) da alfândega	customs officer	['kʌstəmz 'ɒfɪsə(r)]
guarda-costas (m)	bodyguard	['bɒdɪɡɑːd]
guarda (m) prisional	prison officer	['prɪzən 'ɒfɪsə(r)]
inspetor (m)	inspector	[ɪn'spektə(r)]

desportista (m)	sportsman	['spɔːtsmən]
treinador (m)	trainer, coach	['treɪnə(r)], [kəʊtʃ]
talhante (m)	butcher	['bʊtʃə(r)]
sapateiro (m)	cobbler, shoe repairer	['kɒblə(r)], [ʃuː rɪ'peərə(r)]
comerciante (m)	merchant	['mɜːtʃənt]
carregador (m)	loader	['ləʊdə(r)]

estilista (m)	fashion designer	['fæʃən dɪ'zaɪnə(r)]
modelo (f)	model	['mɒdəl]

112. Ocupações. Estatuto social

aluno, escolar (m)	schoolboy	['sku:lbɔɪ]
estudante (~ universitária)	student	['stju:dənt]
filósofo (m)	philosopher	[fɪ'lɒsəfə(r)]
economista (m)	economist	[ɪ'kɒnəmɪst]
inventor (m)	inventor	[ɪn'ventə(r)]
desempregado (m)	unemployed	[ˌʌnɪm'plɔɪd]
reformado (m)	pensioner	['penʃənə(r)]
espião (m)	spy, secret agent	[spaɪ], ['si:krɪt 'eɪdʒənt]
preso (m)	prisoner	['prɪzənə(r)]
grevista (m)	striker	['straɪkə(r)]
burocrata (m)	bureaucrat	['bjʊərəkræt]
viajante (m)	traveller	['trævələ(r)]
homossexual (m)	gay, homosexual	[geɪ], [ˌhɒmə'sekʃʊəl]
hacker (m)	hacker	['hækə(r)]
hippie	hippie	['hɪpɪ]
bandido (m)	bandit	['bændɪt]
assassino (m) a soldo	hit man, killer	[hɪt mæn], ['kɪlə(r)]
toxicodependente (m)	drug addict	['drʌgˌædɪkt]
traficante (m)	drug dealer	['drʌg ˌdi:lə(r)]
prostituta (f)	prostitute	['prɒstɪtju:t]
chulo (m)	pimp	[pɪmp]
bruxo (m)	sorcerer	['sɔ:sərə(r)]
bruxa (f)	sorceress	['sɔ:sərɪs]
pirata (m)	pirate	['paɪrət]
escravo (m)	slave	[sleɪv]
samurai (m)	samurai	['sæmʊraɪ]
selvagem (m)	savage	['sævɪdʒ]

Desportos

113. Tipos de desportos. Desportistas

desportista (m)	sportsman	['spɔ:tsmən]
tipo (m) de desporto	kind of sport	[kaɪnd əv spɔ:t]
basquetebol (m)	basketball	['bɑ:skɪtbɔ:l]
jogador (m) de basquetebol	basketball player	['bɑ:skɪtbɔ:l 'pleɪə(r)]
beisebol (m)	baseball	['beɪsbɔ:l]
jogador (m) de beisebol	baseball player	['beɪsbɔ:l 'pleɪə(r)]
futebol (m)	football	['fʊtˌbɔ:l]
futebolista (m)	football player	['fʊtˌbɔ:l 'pleɪə(r)]
guarda-redes (m)	goalkeeper	['gəʊlˌki:pə(r)]
hóquei (m)	ice hockey	['aɪs ˌhɒkɪ]
jogador (m) de hóquei	ice hockey player	['aɪs ˌhɒkɪ 'pleɪə(r)]
voleibol (m)	volleyball	['vɒlɪbɔ:l]
jogador (m) de voleibol	volleyball player	['vɒlɪbɔ:l 'pleɪə(r)]
boxe (m)	boxing	['bɒksɪŋ]
boxeador, pugilista (m)	boxer	['bɒksə(r)]
luta (f)	wrestling	['reslɪŋ]
lutador (m)	wrestler	['reslə(r)]
karaté (m)	karate	[kə'rɑ:tɪ]
karateca (m)	karate fighter	[kə'rɑ:tɪ 'faɪtər]
judo (m)	judo	['dʒu:dəʊ]
judoca (m)	judo athlete	['dʒu:dəʊ 'æθli:t]
ténis (m)	tennis	['tenɪs]
tenista (m)	tennis player	['tenɪs 'pleɪə(r)]
natação (f)	swimming	['swɪmɪŋ]
nadador (m)	swimmer	['swɪmə(r)]
esgrima (f)	fencing	['fensɪŋ]
esgrimista (m)	fencer	['fensə(r)]
xadrez (m)	chess	[tʃes]
xadrezista (m)	chess player	[tʃes 'pleɪə(r)]
alpinismo (m)	alpinism	['ælpɪnɪzəm]
alpinista (m)	alpinist	['ælpɪnɪst]
corrida (f)	running	['rʌnɪŋ]

corredor (m)	runner	['rʌnə(r)]
atletismo (m)	athletics	[æθ'letɪks]
atleta (m)	athlete	['æθliːt]

| hipismo (m) | horse riding | [hɔːs 'raɪdɪŋ] |
| cavaleiro (m) | horse rider | [hɔːs 'raɪdə(r)] |

patinagem (f) artística	figure skating	['fɪgə 'skeɪtɪŋ]
patinador (m)	figure skater	['fɪgə 'skeɪtə(r)]
patinadora (f)	figure skater	['fɪgə 'skeɪtə(r)]

| halterofilismo (m) | powerlifting | ['paʊər'lɪftɪŋ] |
| halterofilista (m) | powerlifter | ['paʊər'lɪftə(r)] |

| corrida (f) de carros | car racing | [kɑː 'reɪsɪŋ] |
| piloto (m) | racer | ['reɪsə(r)] |

| ciclismo (m) | cycling | ['saɪklɪŋ] |
| ciclista (m) | cyclist | ['saɪklɪst] |

salto (m) em comprimento	long jump	[lɒŋ dʒʌmp]
salto (m) à vara	pole vaulting	[pəʊl 'vɔːltɪŋ]
atleta (m) de saltos	jumper	['dʒʌmpə(r)]

114. Tipos de desportos. Diversos

futebol (m) americano	american football	[ə'merɪkən 'fʊtˌbɔːl]
badminton (m)	badminton	['bædmɪntən]
biatlo (m)	biathlon	[baɪ'æθlɒn]
bilhar (m)	billiards	['bɪljədz]

bobsled (m)	bobsleigh	['bɒbsleɪ]
musculação (f)	bodybuilding	['bɒdɪˌbɪldɪŋ]
polo (m) aquático	water polo	['wɔːtə 'pəʊləʊ]
andebol (m)	handball	['hændbɔːl]
golfe (m)	golf	[gɒlf]

remo (m)	rowing	['rəʊɪŋ]
mergulho (m)	scuba diving	['skuːbə 'daɪvɪŋ]
corrida (f) de esqui	cross-country skiing	[krɒs 'kʌntrɪ 'skiːɪŋ]
ténis (m) de mesa	ping-pong	['pɪŋpɒŋ]

vela (f)	sailing	['seɪlɪŋ]
rali (m)	rally	['rælɪ]
râguebi (m)	rugby	['rʌgbɪ]
snowboard (m)	snowboarding	['snəʊbɔːdɪŋ]
tiro (m) com arco	archery	['ɑːtʃərɪ]

115. Ginásio

| barra (f) | barbell | ['bɑːbel] |
| halteres (m pl) | dumbbells | ['dʌmbelz] |

aparelho (m) de musculaçao	training machine	['treɪnɪŋ məˈʃiːn]
bicicleta (f) ergométrica	exercise bicycle	['eksəsaɪz 'baɪsɪkəl]
passadeira (f) de corrida	treadmill	['tredmɪl]

barra (f) fixa	horizontal bar	[ˌhɒrɪ'zɒntəl bɑː(r)]
barras (f) paralelas	parallel bars	['pærəlel bɑːz]
cavalo (m)	vault	[vɔːlt]
tapete (m) de ginástica	mat	[mæt]

corda (f) de saltar	skipping rope	['skɪpɪŋ rəʊp]
aeróbica (f)	aerobics	[eəˈrəʊbɪks]
ioga (f)	yoga	['jəʊgə]

116. Desportos. Diversos

Jogos (m pl) Olímpicos	Olympic Games	[ə'lɪmpɪk geɪmz]
vencedor (m)	winner	['wɪnə(r)]
vencer, ganhar (vi)	to win (vi)	[tə wɪn]

| líder (m) | leader | ['liːdə(r)] |
| liderar (vt) | to lead (vi) | [tə liːd] |

primeiro lugar (m)	first place	[fɜːst pleɪs]
segundo lugar (m)	second place	['sekənd pleɪs]
terceiro lugar (m)	third place	[θɜːd pleɪs]

medalha (f)	medal	['medəl]
troféu (m)	trophy	['trəʊfɪ]
taça (f)	prize cup	[praɪz kʌp]
prémio (m)	prize	[praɪz]
prémio (m) principal	main prize	[meɪn praɪz]

| recorde (m) | record | ['rekɔːd] |
| estabelecer um recorde | to set a record | [tə set ə 'rekɔːd] |

| final (m) | final | ['faɪnəl] |
| final | final | ['faɪnəl] |

| campeão (m) | champion | ['ʧæmpjən] |
| campeonato (m) | championship | ['ʧæmpjənʃɪp] |

estádio (m)	stadium	['steɪdjəm]
bancadas (f pl)	terrace	['terəs]
fã, adepto (m)	fan, supporter	[fæn], [sə'pɔːtə(r)]
adversário (m)	opponent, rival	[ə'pəʊnənt], ['raɪvəl]

| partida (f) | start | [stɑːt] |
| chegada, meta (f) | finish line | ['fɪnɪʃ laɪn] |

árbitro (m)	referee	[ˌrefə'riː]
júri (m)	jury, judges	['ʤʊərɪ], [ʤʌʤəs]
resultado (m)	score	[skɔː(r)]
empate (m)	draw	[drɔː]
empatar (vi)	to draw (vi)	[tə drɔː]

| ponto (m) | point | [pɔint] |
| resultado (m) final | result | [rɪ'zʌlt] |

| tempo, período (m) | period | ['pɪərɪəd] |
| intervalo (m) | half-time | [hɑːf taɪm] |

doping (m)	doping	['dəupɪŋ]
penalizar (vt)	to penalise (vt)	[tə 'piːnəlaɪz]
desqualificar (vt)	to disqualify (vt)	[tə ˌdɪs'kwɒlɪfaɪ]

aparelho (m)	apparatus	[ˌæpə'reɪtəs]
dardo (m)	javelin	['dʒævəlɪn]
peso (m)	shot	[ʃɒt]
bola (f)	ball	[bɔːl]

alvo, objetivo (m)	aim, target	[eɪm], ['tɑːgɪt]
alvo (~ de papel)	target	['tɑːgɪt]
atirar, disparar (vi)	to shoot (vi)	[tə ʃuːt]
preciso (tiro ~)	accurate	['ækjʊrət]

treinador (m)	trainer, coach	['treɪnə(r)], [kəutʃ]
treinar (vt)	to train (vt)	[tə treɪn]
treinar-se (vr)	to train (vi)	[tə treɪn]
treino (m)	training	['treɪnɪŋ]

ginásio (m)	gym	[dʒɪm]
exercício (m)	exercise	['eksəsaɪz]
aquecimento (m)	warm-up	[ˌwɔːm'ʌp]

Educação

117. Escola

escola (f)	school	[skuːl]
diretor (m) de escola	headmaster	[ˌhedˈmɑːstə(r)]
aluno (m)	pupil	[ˈpjuːpəl]
aluna (f)	pupil	[ˈpjuːpəl]
escolar (m)	schoolboy	[ˈskuːlbɔɪ]
escolar (f)	schoolgirl	[ˈskuːlgɜːl]
ensinar (vt)	to teach (vt)	[tə tiːʧ]
aprender (vt)	to learn (vt)	[tə lɜːn]
aprender de cor	to learn by heart	[tə lɜːn baɪ hɑːt]
estudar (vi)	to learn (vt)	[tə lɜːn]
andar na escola	to be at school	[tə bi ət skuːl]
ir à escola	to go to school	[tə ɡəʊ tə skuːl]
alfabeto (m)	alphabet	[ˈælfəbet]
disciplina (f)	subject	[ˈsʌbdʒɪkt]
sala (f) de aula	classroom	[ˈklɑːsrʊm]
lição (f)	lesson	[ˈlesən]
recreio (m)	playtime, break	[ˈpleɪtaɪm], [breɪk]
toque (m)	school bell	[skuːl bel]
carteira (f)	desk	[desk]
quadro (m) negro	blackboard	[ˈblækˌbɔːd]
nota (f)	mark	[mɑːk]
boa nota (f)	good mark	[ɡʊd mɑːk]
nota (f) baixa	bad mark	[bæd mɑːk]
dar uma nota	to give a mark	[tə ɡɪv ə mɑːk]
erro (m)	mistake	[mɪˈsteɪk]
fazer erros	to make mistakes	[tə meɪk mɪˈsteɪks]
corrigir (vt)	to correct (vt)	[tə kəˈrekt]
cábula (f)	crib	[krɪb]
dever (m) de casa	homework	[ˈhəʊmwɜːk]
exercício (m)	exercise	[ˈeksəsaɪz]
estar presente	to be present	[tə bi ˈprezənt]
estar ausente	to be absent	[tə bi ˈæbsənt]
faltar às aulas	to miss school	[tə mɪs skuːl]
punir (vt)	to punish (vt)	[tə ˈpʌnɪʃ]
punição (f)	punishment	[ˈpʌnɪʃmənt]
comportamento (m)	conduct	[ˈkɒndʌkt]

boletim (m) escolar	school report	[skuːl rɪ'pɔːt]
lápis (m)	pencil	['pensəl]
borracha (f)	rubber	['rʌbə(r)]
giz (m)	chalk	[tʃɔːk]
estojo (m)	pencil case	['pensəl keɪs]
pasta (f) escolar	schoolbag	['skuːlbæg]
caneta (f)	pen	[pen]
caderno (m)	exercise book	['eksəsaɪz bʊk]
manual (m) escolar	textbook	['tekstbʊk]
compasso (m)	compasses	['kʌmpəsɪz]
traçar (vt)	to make technical drawings	[tə meɪk 'teknɪkəl 'drɔːɪŋs]
desenho (m) técnico	technical drawing	['teknɪkəl 'drɔːɪŋ]
poesia (f)	poem	['pəʊɪm]
de cor	by heart	[baɪ hɑːt]
aprender de cor	to learn by heart	[tə lɜːn baɪ hɑːt]
férias (f pl)	school holidays	[skuːl 'hɒlɪdeɪz]
estar de férias	to be on holiday	[tə biː ɒn 'hɒlɪdeɪ]
passar as férias	to spend holidays	[tə spend 'hɒlɪdeɪz]
teste (m)	test	[test]
composição, redação (f)	essay	['eseɪ]
ditado (m)	dictation	[dɪk'teɪʃən]
exame (m)	exam	[ɪg'zæm]
fazer exame	to do an exam	[tə duː ən ɪg'zæm]
experiência (~ química)	experiment	[ɪk'sperɪmənt]

118. Colégio. Universidade

academia (f)	academy	[ə'kædəmɪ]
universidade (f)	university	[juːnɪ'vɜːsətɪ]
faculdade (f)	faculty	['fækəltɪ]
estudante (m)	student	['stjuːdənt]
estudante (f)	student	['stjuːdənt]
professor (m)	lecturer	['lektʃərə(r)]
sala (f) de palestras	lecture hall	['lektʃə hɔːl]
graduado (m)	graduate	['grædʒʊət]
diploma (m)	diploma	[dɪ'pləʊmə]
tese (f)	dissertation	[ˌdɪsə'teɪʃən]
estudo (obra)	study	['stʌdɪ]
laboratório (m)	laboratory	[lə'bɒrətrɪ]
palestra (f)	lecture	['lektʃə(r)]
colega (m) de curso	coursemate	[kɔː'smeɪt]
bolsa (f) de estudos	scholarship, bursary	['skɒləʃɪp], ['bɜːsərɪ]
grau (m) académico	academic degree	[ˌækə'demɪk dɪ'griː]

119. Ciências. Disciplinas

matemática (f)	**mathematics**	[ˌmæθəˈmætɪks]
álgebra (f)	**algebra**	[ˈældʒɪbrə]
geometria (f)	**geometry**	[dʒɪˈɒmətrɪ]
astronomia (f)	**astronomy**	[əˈstrɒnəmɪ]
biologia (f)	**biology**	[baɪˈɒlədʒɪ]
geografia (f)	**geography**	[dʒɪˈɒgrəfɪ]
geologia (f)	**geology**	[dʒɪˈɒlədʒɪ]
história (f)	**history**	[ˈhɪstərɪ]
medicina (f)	**medicine**	[ˈmedsɪn]
pedagogia (f)	**pedagogy**	[ˈpedəgɒdʒɪ]
direito (m)	**law**	[lɔ:]
física (f)	**physics**	[ˈfɪzɪks]
química (f)	**chemistry**	[ˈkemɪstrɪ]
filosofia (f)	**philosophy**	[fɪˈlɒsəfɪ]
psicologia (f)	**psychology**	[saɪˈkɒlədʒɪ]

120. Sistema de escrita. Ortografia

gramática (f)	**grammar**	[ˈgræmə(r)]
vocabulário (m)	**vocabulary**	[vəˈkæbjʊlərɪ]
fonética (f)	**phonetics**	[fəˈnetɪks]
substantivo (m)	**noun**	[naʊn]
adjetivo (m)	**adjective**	[ˈædʒɪktɪv]
verbo (m)	**verb**	[vɜ:b]
advérbio (m)	**adverb**	[ˈædvɜ:b]
pronome (m)	**pronoun**	[ˈprəʊnaʊn]
interjeição (f)	**interjection**	[ˌɪntəˈdʒekʃən]
preposição (f)	**preposition**	[ˌprepəˈzɪʃən]
raiz (f) da palavra	**root**	[ru:t]
terminação (f)	**ending**	[ˈendɪŋ]
prefixo (m)	**prefix**	[ˈpri:fɪks]
sílaba (f)	**syllable**	[ˈsɪləbəl]
sufixo (m)	**suffix**	[ˈsʌfɪks]
acento (m)	**stress mark**	[ˈstres ˌmɑ:k]
apóstrofo (m)	**apostrophe**	[əˈpɒstrəfɪ]
ponto (m)	**full stop**	[fʊl stɒp]
vírgula (f)	**comma**	[ˈkɒmə]
ponto e vírgula (m)	**semicolon**	[ˌsemɪˈkəʊlən]
dois pontos (m pl)	**colon**	[ˈkəʊlən]
reticências (f pl)	**ellipsis**	[ɪˈlɪpsɪs]
ponto (m) de interrogação	**question mark**	[ˈkwestʃən mɑ:k]
ponto (m) de exclamação	**exclamation mark**	[ˌekskləˈmeɪʃən mɑ:k]

aspas (f pl)	inverted commas	[ɪn'vɜːtɪd 'kɒməs]
entre aspas	in inverted commas	[ɪn ɪn'vɜːtɪd 'kɒməs]
parênteses (m pl)	parenthesis	[pə'renθɪsɪs]
entre parênteses	in parenthesis	[ɪn pə'renθɪsɪs]

hífen (m)	hyphen	['haɪfən]
travessão (m)	dash	[dæʃ]
espaço (m)	space	[speɪs]

letra (f)	letter	['letə(r)]
letra (f) maiúscula	capital letter	['kæpɪtəl 'letə(r)]

vogal (f)	vowel	['vaʊəl]
consoante (f)	consonant	['kɒnsənənt]

frase (f)	sentence	['sentəns]
sujeito (m)	subject	['sʌbdʒɪkt]
predicado (m)	predicate	['predɪkət]

linha (f)	line	[laɪn]
em uma nova linha	on a new line	[ɒn ə njuː laɪn]
parágrafo (m)	paragraph	['pærəgrɑːf]

palavra (f)	word	[wɜːd]
grupo (m) de palavras	group of words	[gruːp əf wɜːdz]
expressão (f)	expression	[ɪk'spreʃən]
sinónimo (m)	synonym	['sɪnənɪm]
antónimo (m)	antonym	['æntənɪm]

regra (f)	rule	[ruːl]
exceção (f)	exception	[ɪk'sepʃən]
correto	correct	[kə'rekt]

conjugação (f)	conjugation	[ˌkɒndʒʊ'geɪʃən]
caso (m)	nominal case	['nɒmɪnəl keɪs]
pergunta (f)	question	['kwestʃən]
sublinhar (vt)	to underline (vt)	[tə ˌʌndə'laɪn]
linha (f) pontilhada	dotted line	['dɒtɪd laɪn]

121. Línguas estrangeiras

língua (f)	language	['læŋgwɪdʒ]
estrangeiro	foreign	['fɒrən]
estudar (vt)	to study (vt)	[tə 'stʌdɪ]
aprender (vt)	to learn (vt)	[tə lɜːn]

ler (vt)	to read (vi, vt)	[tə riːd]
falar (vi)	to speak (vi, vt)	[tə spiːk]
compreender (vt)	to understand (vt)	[təˌʌndə'stænd]
escrever (vt)	to write (vt)	[tə raɪt]

rapidamente	quickly, fast	['kwɪklɪ], [fɑːst]
devagar	slowly	['sləʊlɪ]
fluentemente	fluently	['fluːəntlɪ]

regras (f pl)	rules	[ruːlz]
gramática (f)	grammar	['græmə(r)]
vocabulário (m)	vocabulary	[və'kæbjʊlərɪ]
fonética (f)	phonetics	[fə'netɪks]

manual (m) escolar	textbook	['tekstbʊk]
dicionário (m)	dictionary	['dɪkʃənərɪ]
manual (m) de autoaprendizagem	teach-yourself book	[tiːtʃ jɔː'self bʊk]
guia (m) de conversação	phrasebook	['freɪzbʊk]

cassete (f)	cassette, tape	[kæ'set], [teɪp]
vídeo cassete (m)	videotape	['vɪdɪəʊteɪp]
CD (m)	CD, compact disc	[ˌsiː'diː], [kəm'pækt dɪsk]
DVD (m)	DVD	[ˌdiːviː'diː]

alfabeto (m)	alphabet	['ælfəbet]
soletrar (vt)	to spell (vt)	[tə spel]
pronúncia (f)	pronunciation	[prəˌnʌnsɪ'eɪʃən]

sotaque (m)	accent	['æksent]
com sotaque	with an accent	[wɪð ən 'æksent]
sem sotaque	without an accent	[wɪ'ðaʊt ən 'æksent]

palavra (f)	word	[wɜːd]
sentido (m)	meaning	['miːnɪŋ]

cursos (m pl)	course	[kɔːs]
inscrever-se (vr)	to sign up (vi)	[tə saɪn ʌp]
professor (m)	teacher	['tiːtʃə(r)]

tradução (texto)	translation	[træns'leɪʃən]
tradutor (m)	translator	[træns'leɪtə(r)]
intérprete (m)	interpreter	[ɪn'tɜːprɪtə(r)]

poliglota (m)	polyglot	['pɒlɪglɒt]
memória (f)	memory	['memərɪ]

122. Personagens de contos de fadas

Pai (m) Natal	Santa Claus	['sæntə klɔːz]
Cinderela (f)	Cinderella	[ˌsɪndə'relə]
sereia (f)	mermaid	['mɜːmeɪd]
Neptuno (m)	Neptune	['neptjuːn]

mago (m)	magician	[mə'dʒɪʃən]
fada (f)	fairy	['feərɪ]
mágico	magic	['mædʒɪk]
varinha (f) mágica	magic wand	['mædʒɪk ˌwɒnd]

conto (m) de fadas	fairy tale	['feərɪ teɪl]
milagre (m)	miracle	['mɪrəkəl]
anão (m)	dwarf	[dwɔːf]
transformar-se em ...	to turn into ... (vi)	[tə tɜːn 'ɪntʊ]

fantasma (m)	phantom	['fæntəm]
espetro (m)	ghost	[gəʊst]
monstro (m)	monster	['mɒnstə(r)]
dragão (m)	dragon	['drægən]
gigante (m)	giant	['dʒaɪənt]

123. Signos do Zodíaco

Carneiro	Aries	['eəriːz]
Touro	Taurus	['tɔːrəs]
Gémeos	Gemini	['dʒemɪnaɪ]
Caranguejo	Cancer	['kænsə(r)]
Leão	Leo	['liːəʊ]
Virgem (f)	Virgo	['vɜːgəʊ]

Balança	Libra	['liːbrə]
Escorpião	Scorpio	['skɔːpɪəʊ]
Sagitário	Sagittarius	[ˌsædʒɪ'teərɪəs]
Capricórnio	Capricorn	['kæprɪkɔːn]
Aquário	Aquarius	[ə'kweərɪəs]
Peixes	Pisces	['paɪsiːz]

caráter (m)	character	['kærəktə(r)]
traços (m pl) do caráter	character traits	['kærəktə treɪts]
comportamento (m)	behaviour	[bɪ'heɪvjə(r)]
predizer (vt)	to tell fortunes	[tə tel 'fɔːtʃuːnz]
adivinha (f)	fortune-teller	['fɔːtʃuːn 'telə(r)]
horóscopo (m)	horoscope	['hɒrəskəʊp]

Artes

124. Teatro

teatro (m)	theatre	['θɪətə(r)]
ópera (f)	opera	['ɒpərə]
opereta (f)	operetta	[ˌɒpə'retə]
balé (m)	ballet	['bæleɪ]

cartaz (m)	theatre poster	['θɪətə 'pəʊstə(r)]
companhia (f) teatral	company	['kʌmpənɪ]
turné (digressão)	tour	[tʊə(r)]
estar em turné	to be on tour	[tə bi ɒn tʊə(r)]
ensaiar (vt)	to rehearse (vi, vt)	[tə rɪ'hɜːs]
ensaio (m)	rehearsal	[rɪ'hɜːsəl]
repertório (m)	repertoire	['repətwɑː(r)]

apresentação (f)	performance	[pə'fɔːməns]
espetáculo (m)	show, play	[ʃəʊ], [pleɪ]
peça (f)	play	[pleɪ]

bilhete (m)	ticket	['tɪkɪt]
bilheteira (f)	booking office	['bʊkɪŋ 'ɒfɪs]
hall (m)	lobby	['lɒbɪ]
guarda-roupa (m)	coat check	[kəʊt tʃek]
senha (f) numerada	cloakroom ticket	['kləʊkrʊm 'tɪkɪt]
binóculo (m)	binoculars	[bɪ'nɒkjʊləz]
lanterninha (m)	usher	['ʌʃə(r)]

plateia (f)	stalls	[stɔːlz]
balcão (m)	balcony	['bælkənɪ]
primeiro balcão (m)	dress circle	[dres 'sɜːkəl]
camarote (m)	box	[bɒks]
fila (f)	row	[rəʊ]
assento (m)	seat	[siːt]

público (m)	audience	['ɔːdɪəns]
espetador (m)	spectator	[spek'teɪtə(r)]
aplaudir (vt)	to clap (vi, vt)	[tə klæp]
aplausos (m pl)	applause	[ə'plɔːz]
ovação (f)	ovation	[əʊ'veɪʃən]

palco (m)	stage	[steɪdʒ]
pano (m) de boca	curtain	['kɜːtən]
cenário (m)	scenery	['siːnərɪ]
bastidores (m pl)	backstage	[ˌbæk'steɪdʒ]

cena (f)	scene	[siːn]
ato (m)	act	[ækt]
entreato (m)	interval	['ɪntəvəl]

125. Cinema

ator (m)	actor	['æktə(r)]
atriz (f)	actress	['æktrıs]

cinema (m)	cinema	['sınəmə]
filme (m)	film	[fılm]
episódio (m)	episode	['epısəʊd]

filme (m) policial	detective	[dı'tektıv]
filme (m) de ação	action film	['ækʃən fılm]
filme (m) de aventuras	adventure film	[əd'ventʃə fılm]
filme (m) de ficção científica	science fiction film	['saıəns 'fıkʃən fılm]
filme (m) de terror	horror film	['hɒrə fılm]

comédia (f)	comedy film	['kɒmədı fılm]
melodrama (m)	melodrama	['melə,drɑːmə]
drama (m)	drama	['drɑːmə]

filme (m) ficcional	fictional film	['fıkʃənəl fılm]
documentário (m)	documentary	[,dɒkjʊ'mentərı]
desenho (m) animado	cartoon	[kɑː'tuːn]
cinema (m) mudo	silent films	['saılənt fılmz]

papel (m)	role	[rəʊl]
papel (m) principal	leading role	['liːdıŋ rəʊl]
representar (vt)	to play (vi, vt)	[tə pleı]

estrela (f) de cinema	film star	[fılm stɑː]
conhecido	well-known	[wel'nəʊn]
famoso	famous	['feıməs]
popular	popular	['pɒpjʊlə(r)]

argumento (m)	script	[skrıpt]
argumentista (m)	scriptwriter	['skrıpt,raıtə(r)]
realizador (m)	film director	[fılm dı'rektə(r)]
produtor (m)	producer	[prə'djuːsə(r)]
assistente (m)	assistant	[ə'sıstənt]
diretor (m) de fotografia	cameraman	['kæmərəmæn]
duplo (m)	stuntman	[stʌnt mæn]

filmar (vt)	to shoot a film	[tə ʃuːt ə fılm]
audição (f)	audition	[ɔː'dıʃən]
filmagem (f)	shooting	['ʃuːtıŋ]
equipe (f) de filmagem	film crew	[fılm kruː]
set (m) de filmagem	film set	[fılm set]
câmara (f)	camera	['kæmərə]

cinema (m)	cinema	['sınəmə]
ecrã (m), tela (f)	screen	[skriːn]
exibir um filme	to show a film	[tə ʃəʊ ə fılm]

pista (f) sonora	soundtrack	['saʊndtræk]
efeitos (m pl) especiais	special effects	['speʃəl ı'fekts]
legendas (f pl)	subtitles	['sʌb,taıtəlz]

crédito (m)	credits	['kredɪts]
tradução (f)	translation	[træns'leɪʃən]

126. Pintura

arte (f)	art	[ɑːt]
belas-artes (f pl)	fine arts	['faɪn ˌɑːts]
galeria (f) de arte	art gallery	[ɑːt 'gælərɪ]
exposição (f) de arte	art exhibition	[ɑːt ˌeksɪ'bɪʃən]

pintura (f)	painting	['peɪntɪŋ]
arte (f) gráfica	graphic art	['græfɪk ɑːt]
arte (f) abstrata	abstract art	['æbstrækt ɑːt]
impressionismo (m)	impressionism	[ɪm'preʃənɪzəm]

pintura (f), quadro (m)	picture	['pɪktʃə(r)]
desenho (m)	drawing	['drɔːɪŋ]
cartaz, póster (m)	poster	['pəʊstə(r)]

ilustração (f)	illustration	[ˌɪlə'streɪʃən]
miniatura (f)	miniature	['mɪnətʃə(r)]
cópia (f)	copy	['kɒpɪ]
reprodução (f)	reproduction	[ˌriːprə'dʌkʃən]

mosaico (m)	mosaic	[məʊ'zeɪɪk]
vitral (m)	stained glass window	[steɪnd glɑːs 'wɪndəʊ]
fresco (m)	fresco	['freskəʊ]
gravura (f)	engraving	[ɪn'greɪvɪŋ]

busto (m)	bust	[bʌst]
escultura (f)	sculpture	['skʌlptʃə(r)]
estátua (f)	statue	['stætʃuː]
gesso (m)	plaster of Paris	['plɑːstərəv 'pærɪs]
em gesso	plaster	['plɑːstə(r)]

retrato (m)	portrait	['pɔːtreɪt]
autorretrato (m)	self-portrait	[self 'pɔːtreɪt]
paisagem (f)	landscape	['lændskeɪp]
natureza (f) morta	still life	[stɪl laɪf]
caricatura (f)	caricature	['kærɪkəˌtjʊə(r)]

tinta (f)	paint	[peɪnt]
aguarela (f)	watercolor paint	['wɔːtəˌkʌlə peɪnt]
óleo (m)	oil	[ɔɪl]
lápis (m)	pencil	['pensəl]
tinta da China (f)	Indian ink	['ɪndɪən ɪŋk]
carvão (m)	charcoal	['tʃɑːkəʊl]

desenhar (vt)	to draw (vi, vt)	[tə drɔː]
pintar (vt)	to paint (vi, vt)	[tə peɪnt]

posar (vi)	to pose (vi)	[tə pəʊz]
modelo (m)	artist's model	['ɑːtɪsts 'mɒdəl]
modelo (f)	artist's model	['ɑːtɪsts 'mɒdəl]

pintor (m)	artist, painter	['ɑːtɪst], ['peɪntə(r)]
obra (f)	work of art	[wɜːk əv ɑːt]
obra-prima (f)	masterpiece	['mɑːstəpiːs]
estúdio (m)	studio	['stjuːdɪəʊ]

tela (f)	canvas	['kænvəs]
cavalete (m)	easel	['iːzəl]
paleta (f)	palette	['pælət]

moldura (f)	frame	[freɪm]
restauração (f)	restoration	[ˌrestə'reɪʃən]
restaurar (vt)	to restore (vt)	[tə rɪ'stɔː(r)]

127. Literatura & Poesia

literatura (f)	literature	['lɪtrətʃə]
autor (m)	author	['ɔːθə]
pseudónimo (m)	pseudonym	['sjuːdəʊnɪm]

livro (m)	book	[bʊk]
volume (m)	volume	['vɒljuːm]
índice (m)	table of contents	['teɪbəl əv 'kɒntents]
página (f)	page	[peɪdʒ]
protagonista (m)	main character	[meɪn 'kærəktə(r)]
autógrafo (m)	autograph	['ɔːtəɡrɑːf]

conto (m)	short story	[ʃɔːt 'stɔːrɪ]
novela (f)	story	['stɔːrɪ]
romance (m)	novel	['nɒvəl]
obra (f)	work	[wɜːk]
fábula (m)	fable	['feɪbəl]
romance (m) policial	detective novel	[dɪ'tektɪv 'nɒvəl]

poesia (obra)	poem, verse	['pəʊɪm], [vɜːs]
poesia (arte)	poetry	['pəʊɪtrɪ]
poema (m)	poem	['pəʊɪm]
poeta (m)	poet	['pəʊɪt]

ficção (f)	fiction	['fɪkʃən]
ficção (f) científica	science fiction	['saɪəns 'fɪkʃən]
aventuras (f pl)	adventures	[əd'ventʃəz]
literatura (f) didática	educational literature	[ˌedʒʊ'keɪʃənəl 'lɪtrətʃə]
literatura (f) infantil	children's literature	['tʃɪldrənz 'lɪtrətʃə]

128. Circo

circo (m)	circus	['sɜːkəs]
circo (m) ambulante	travelling circus	['trævəlɪŋ 'sɜːkəs]
programa (m)	programme	['prəʊɡræm]
apresentação (f)	performance	[pə'fɔːməns]
número (m)	act	[ækt]
arena (f)	circus ring	['sɜːkəs rɪŋ]

pantomima (f)	pantomime	['pæntəmaɪm]
palhaço (m)	clown	[klaʊn]

acrobata (m)	acrobat	['ækrəbæt]
acrobacia (f)	acrobatics	[ˌækrə'bætɪks]
ginasta (m)	gymnast	['dʒɪmnæst]
ginástica (f)	acrobatic gymnastics	[ˌækrə'bætɪk dʒɪm'næstɪks]
salto (m) mortal	somersault	['sʌməsɔːlt]

homem forte (m)	strongman	['strɒŋmæn]
domador (m)	tamer	['teɪmə(r)]
cavaleiro (m) equilibrista	rider	['raɪdə(r)]
assistente (m)	assistant	[ə'sɪstənt]

truque (m)	stunt	[stʌnt]
truque (m) de mágica	magic trick	['mædʒɪk trɪk]
mágico (m)	magician	[mə'dʒɪʃən]

malabarista (m)	juggler	['dʒʌglə(r)]
fazer malabarismos	to juggle (vi, vt)	[tə 'dʒʌgəl]
domador (m)	animal trainer	['ænɪməl 'treɪnə(r)]
adestramento (m)	animal training	['ænɪməl 'treɪnɪŋ]
adestrar (vt)	to train (vt)	[tə treɪn]

129. Música. Música popular

música (f)	music	['mjuːzɪk]
músico (m)	musician	[mjuː'zɪʃən]
instrumento (m) musical	musical instrument	['mjuːzɪkəl 'ɪnstrʊmənt]
tocar ...	to play ...	[tə pleɪ]

guitarra (f)	guitar	[gɪ'tɑː(r)]
violino (m)	violin	[ˌvaɪə'lɪn]
violoncelo (m)	cello	['tʃeləʊ]
contrabaixo (m)	double bass	['dʌbəl beɪs]
harpa (f)	harp	[hɑːp]

piano (m)	piano	[pɪ'ænəʊ]
piano (m) de cauda	grand piano	[grænd pɪ'ænəʊ]
órgão (m)	organ	['ɔːgən]

instrumentos (m pl) de sopro	wind instruments	[wɪnd 'ɪnstrʊmənts]
oboé (m)	oboe	['əʊbəʊ]
saxofone (m)	saxophone	['sæksəfəʊn]
clarinete (m)	clarinet	[ˌklærə'net]
flauta (f)	flute	[fluːt]
trompete (m)	trumpet	['trʌmpɪt]

acordeão (m)	accordion	[ə'kɔːdɪən]
tambor (m)	drum	[drʌm]

duo, dueto (m)	duo	['djuːəʊ]
trio (m)	trio	['triːəʊ]
quarteto (m)	quartet	[kwɔː'tet]

coro (m)	**choir**	['kwaɪə(r)]
orquestra (f)	**orchestra**	['ɔːkɪstrə]

música (f) pop	**pop music**	[pɒp 'mjuːzɪk]
música (f) rock	**rock music**	[rɒk 'mjuːzɪk]
grupo (m) de rock	**rock group**	[rɒk gruːp]
jazz (m)	**jazz**	[dʒæz]

ídolo (m)	**idol**	['aɪdəl]
fã, admirador (m)	**admirer, fan**	[əd'maɪərə], [fæn]

concerto (m)	**concert**	['kɒnsət]
sinfonia (f)	**symphony**	['sɪmfənɪ]
composição (f)	**composition**	[ˌkɒmpə'zɪʃən]
compor (vt)	**to compose** (vt)	[tə kəm'pəʊz]

canto (m)	**singing**	['sɪŋɪŋ]
canção (f)	**song**	[sɒŋ]
melodia (f)	**tune**	[tjuːn]
ritmo (m)	**rhythm**	['rɪðəm]
blues (m)	**blues**	[bluːz]

notas (f pl)	**sheet music**	[ʃiːt 'mjuːzɪk]
batuta (f)	**baton**	['bætən]
arco (m)	**bow**	['bəʊ]
corda (f)	**string**	[strɪŋ]
estojo (m)	**case**	[keɪs]

Descanso. Entretenimento. Viagens

130. Viagens

turismo (m)	tourism, travel	['tʊərɪzəm], ['trævəl]
turista (m)	tourist	['tʊərɪst]
viagem (f)	trip	[trɪp]
aventura (f)	adventure	[əd'ventʃə(r)]
viagem (f)	trip, journey	[trɪp], ['dʒɜːnɪ]
férias (f pl)	holiday	['hɒlɪdeɪ]
estar de férias	to be on holidays	[tə bi ɒn 'hɒlɪdeɪz]
descanso (m)	rest	[rest]
comboio (m)	train	[treɪn]
de comboio (chegar ~)	by train	[baɪ treɪn]
avião (m)	aeroplane	['eərəpleɪn]
de avião	by aeroplane	[baɪ 'eərəpleɪn]
de carro	by car	[baɪ kɑː(r)]
de navio	by ship	[baɪ ʃɪp]
bagagem (f)	luggage	['lʌɡɪdʒ]
mala (f)	suitcase	['suːtkeɪs]
carrinho (m)	luggage trolley	['lʌɡɪdʒ 'trɒlɪ]
passaporte (m)	passport	['pɑːspɔːt]
visto (m)	visa	['viːzə]
bilhete (m)	ticket	['tɪkɪt]
bilhete (m) de avião	air ticket	['eə 'tɪkɪt]
guia (m) de viagem	guidebook	['ɡaɪdbʊk]
mapa (m)	map	[mæp]
local (m), area (f)	area	['eərɪə]
lugar, sítio (m)	place, site	[pleɪs], [saɪt]
exotismo (m)	exotica	[ɪɡ'zɒtɪkə]
exótico	exotic	[ɪɡ'zɒtɪk]
surpreendente	amazing	[ə'meɪzɪŋ]
grupo (m)	group	[ɡruːp]
excursão (f)	excursion	[ɪk'skɜːʃən]
guia (m)	guide	[ɡaɪd]

131. Hotel

hotel (m)	hotel	[həʊ'tel]
motel (m)	motel	[məʊ'tel]
três estrelas	three-star	[θriː stɑː(r)]
cinco estrelas	five-star	[ˌfaɪv 'stɑː(r)]

ficar (~ num hotel)	to stay (vi)	[tə steɪ]
quarto (m)	room	[ruːm]
quarto (m) individual	single room	['sɪŋɡəl ruːm]
quarto (m) duplo	double room	['dʌbəl ruːm]
reservar um quarto	to book a room	[tə bʊk ə ruːm]

meia pensão (f)	half board	[hɑːf bɔːd]
pensão (f) completa	full board	[fʊl bɔːd]

com banheira	with bath	[wɪð bɑːθ]
com duche	with shower	[wɪð 'ʃaʊə(r)]
televisão (m) satélite	satellite television	['sætəlaɪt 'telɪˌvɪʒən]
ar (m) condicionado	air-conditioner	[eə kən'dɪʃənə]
toalha (f)	towel	['taʊəl]
chave (f)	key	[kiː]

administrador (m)	administrator	[əd'mɪnɪstreɪtə(r)]
camareira (f)	chambermaid	['ʧeɪmbəˌmeɪd]
bagageiro (m)	porter	['pɔːtə(r)]
porteiro (m)	doorman	['dɔːmən]

restaurante (m)	restaurant	['restrɒnt]
bar (m)	pub	[pʌb]
pequeno-almoço (m)	breakfast	['brekfəst]
jantar (m)	dinner	['dɪnə(r)]
buffet (m)	buffet	['bʊfeɪ]

elevador (m)	lift	[lɪft]
NÃO PERTURBE	DO NOT DISTURB	[du nɒt dɪ'stɜːb]
PROIBIDO FUMAR!	NO SMOKING	[nəʊ 'sməʊkɪŋ]

132. Livros. Leitura

livro (m)	book	[bʊk]
autor (m)	author	['ɔːθə]
escritor (m)	writer	['raɪtə(r)]
escrever (vt)	to write (vt)	[tə raɪt]

leitor (m)	reader	['riːdə(r)]
ler (vt)	to read (vi, vt)	[tə riːd]
leitura (f)	reading	['riːdɪŋ]

para si	silently	['saɪləntlɪ]
em voz alta	aloud	[ə'laʊd]

publicar (vt)	to publish (vt)	[tə 'pʌblɪʃ]
publicação (f)	publishing	['pʌblɪʃɪŋ]
editor (m)	publisher	['pʌblɪʃə(r)]
editora (f)	publishing house	['pʌblɪʃɪŋ ˌhaʊs]

sair (vi)	to come out	[tə kʌm aʊt]
lançamento (m)	release	[rɪ'liːs]
tiragem (f)	print run	[prɪnt rʌn]
livraria (f)	bookshop	['bʊkʃɒp]

biblioteca (f)	library	['laɪbrərɪ]
novela (f)	story	['stɔːrɪ]
conto (m)	short story	[ʃɔːt 'stɔːrɪ]
romance (m)	novel	['nɒvəl]
romance (m) policial	detective novel	[dɪ'tektɪv 'nɒvəl]

memórias (f pl)	memoirs	['memwɑːz]
lenda (f)	legend	['ledʒənd]
mito (m)	myth	[mɪθ]

| poesia (f) | poetry, poems | ['pəʊɪtrɪ], ['pəʊɪmz] |
| autobiografia (f) | autobiography | [ˌɔːtəbaɪ'ɒgrəfɪ] |

| obras (f pl) escolhidas | selected works | [sɪ'lektɪd wɜːks] |
| ficção (f) científica | science fiction | ['saɪəns 'fɪkʃən] |

título (m)	title	['taɪtəl]
introdução (f)	introduction	[ˌɪntrə'dʌkʃən]
folha (f) de rosto	title page	['taɪtəl peɪdʒ]

capítulo (m)	chapter	['tʃæptə(r)]
excerto (m)	extract	['ekstrækt]
episódio (m)	episode	['epɪsəʊd]

tema (m)	plot, storyline	[plɒt], ['stɔːrɪlaɪn]
conteúdo (m)	contents	['kɒntents]
protagonista (m)	main character	[meɪn 'kærəktə(r)]

tomo, volume (m)	volume	['vɒljuːm]
capa (f)	cover	['kʌvə(r)]
marcador (m) de livro	bookmark	['bʊkmɑːk]

página (f)	page	[peɪdʒ]
folhear (vt)	to page through	[tə peɪdʒ θruː]
margem (f)	margins	['mɑːdʒɪnz]

| anotação (f) | annotation | [ˌænə'teɪʃən] |
| nota (f) de rodapé | footnote | ['fʊtnəʊt] |

texto (m)	text	[tekst]
fonte (f)	type, fount	[taɪp], [fɒnt]
gralha (f)	misprint, typo	['mɪsprɪnt], ['taɪpəʊ]

tradução (f)	translation	[træns'leɪʃən]
traduzir (vt)	to translate (vt)	[tə træns'leɪt]
original (m)	original	[ɒ'rɪdʒɪnəl]

| famoso | famous | ['feɪməs] |
| desconhecido | unknown | [ˌʌn'nəʊn] |

| interessante | interesting | ['ɪntrəstɪŋ] |
| best-seller (m) | bestseller | [best 'selə(r)] |

dicionário (m)	dictionary	['dɪkʃənərɪ]
manual (m) escolar	textbook	['tekstbʊk]
enciclopédia (f)	encyclopedia	[ɪnˌsaɪkləʊ'piːdjə]

133. Caça. Pesca

caça (f)	hunting	['hʌntɪŋ]
caçar (vi)	to hunt (vi, vt)	[tə hʌnt]
caçador (m)	hunter	['hʌntə(r)]
atirar (vi)	to shoot (vi)	[tə ʃuːt]
caçadeira (f)	rifle	['raɪfəl]
cartucho (m)	bullet, cartridge	['bʊlɪt], ['kɑːtrɪdʒ]
chumbo (m) de caça	shot	[ʃɒt]
armadilha (f)	steel trap	[stiːl træp]
armadilha (com corda)	snare	[sneə(r)]
cair na armadilha	to fall into the trap	[tə fɔːl 'ɪntʊ ðə træp]
pôr a armadilha	to lay a trap	[tə ˌleɪ ə 'træp]
caçador (m) furtivo	poacher	['pəʊtʃə(r)]
caça (f)	game	[geɪm]
cão (m) de caça	hound dog	[haʊnd dɒg]
safári (m)	safari	[səˈfɑːrɪ]
animal (m) empalhado	mounted animal	['maʊntɪd 'ænɪməl]
pescador (m)	fisherman	['fɪʃəmən]
pesca (f)	fishing	['fɪʃɪŋ]
pescar (vt)	to fish (vi)	[tə fɪʃ]
cana (f) de pesca	fishing rod	['fɪʃɪŋ ˌrɒd]
linha (f) de pesca	fishing line	['fɪʃɪŋ ˌlaɪn]
anzol (m)	hook	[hʊk]
boia (f)	float	[fləʊt]
isca (f)	bait	[beɪt]
lançar a linha	to cast a line	[tə kɑːst ə laɪn]
morder (vt)	to bite (vi)	[tə baɪt]
pesca (f)	catch of fish	[kætʃ əv fɪʃ]
buraco (m) no gelo	ice-hole	['aɪs ˌhəʊl]
rede (f)	net	[net]
barco (m)	boat	[bəʊt]
pescar com rede	to net (vi, vt)	[tə net]
lançar a rede	to cast the net	[tə kɑːst ðə net]
puxar a rede	to haul the net in	[tə hɔːl ðə net ɪn]
cair nas malhas	to fall into the net	[tə fɔːl 'ɪntʊ ðə net]
baleeiro (m)	whaler	['weɪlə(r)]
baleeira (f)	whaleboat	['weɪlbəʊt]
arpão (m)	harpoon	[hɑːˈpuːn]

134. Jogos. Bilhar

bilhar (m)	billiards	['bɪljədz]
sala (f) de bilhar	billiard room	['bɪljədz ruːm]
bola (f) de bilhar	ball	[bɔːl]

embolsar uma bola	to pocket a ball	[tə 'pɒkɪt ə bɔ:l]
taco (m)	cue	[kju:]
caçapa (f)	pocket	['pɒkɪt]

135. Jogos. Jogar cartas

ouros (m pl)	diamonds	['daɪəməndz]
espadas (f pl)	spades	[speɪdz]
copas (f pl)	hearts	[hɑ:ts]
paus (m pl)	clubs	[klʌbz]

ás (m)	ace	[eɪs]
rei (m)	king	[kɪŋ]
dama (f)	queen	[kwi:n]
valete (m)	jack, knave	[dʒæk], [neɪv]

carta (f) de jogar	playing card	['pleɪɪŋ kɑ:d]
cartas (f pl)	cards	[kɑ:dz]
trunfo (m)	trump	[trʌmp]
baralho (m)	pack of cards	[ˌpæk əv 'kɑ:dz]

ponto (m)	point	[pɔɪnt]
dar, distribuir (vt)	to deal (vi, vt)	[tə di:l]
embaralhar (vt)	to shuffle (vt)	[tə 'ʃʌfəl]
vez, jogada (f)	lead, turn	[led], [tɜ:n]
batoteiro (m)	cardsharp	[kɑ:d 'ʃɑ:p]

136. Descanso. Jogos. Diversos

passear (vi)	to stroll (vi, vt)	[tə strəʊl]
passeio (m)	walk, stroll	[wɔ:k], [strəʊl]
viagem (f) de carro	car ride	[kɑ: raɪd]
aventura (f)	adventure	[əd'ventʃə(r)]
piquenique (m)	picnic	['pɪknɪk]

jogo (m)	game	[geɪm]
jogador (m)	player	['pleɪə(r)]
partida (f)	game	[geɪm]

colecionador (m)	collector	[kə'lektə(r)]
colecionar (vt)	to collect (vt)	[tə kə'lekt]
coleção (f)	collection	[kə'lekʃən]

palavras (f pl) cruzadas	crossword puzzle	['krɒswɜ:d 'pʌzəl]
hipódromo (m)	racecourse	['reɪskɔ:s]
discoteca (f)	disco	['dɪskəʊ]

| sauna (f) | sauna | ['sɔ:nə] |
| lotaria (f) | lottery | ['lɒtərɪ] |

| campismo (m) | camping trip | ['kæmpɪŋ trɪp] |
| acampamento (m) | camp | [kæmp] |

tenda (f)	tent	[tent]
bússola (f)	compass	['kʌmpəs]
campista (m)	camper	['kæmpə(r)]

ver (vt), assistir à ...	to watch (vt)	[tə wɒtʃ]
telespectador (m)	viewer	['vjuːə(r)]
programa (m) de TV	TV program	[ˌtiːˈviː ˈprəʊɡræm]

137. Fotografia

| máquina (f) fotográfica | camera | ['kæmərə] |
| foto, fotografia (f) | photo, picture | ['fəʊtəʊ], ['pɪktʃə(r)] |

fotógrafo (m)	photographer	[fəˈtɒɡrəfə(r)]
estúdio (m) fotográfico	photo studio	['fəʊtəʊ 'stjuːdɪəʊ]
álbum (m) de fotografias	photo album	['fəʊtəʊ 'ælbəm]

objetiva (f)	camera lens	['kæmərə lenz]
teleobjetiva (f)	telephoto lens	[ˌtelɪ'fəʊtəʊ lenz]
filtro (m)	filter	['fɪltə(r)]
lente (f)	lens	[lenz]

ótica (f)	optics	['ɒptɪks]
abertura (f)	diaphragm, aperture	['daɪəfræm], ['æpəˌtjʊə]
exposição (f)	exposure time	[ɪk'spəʊʒə ˌtaɪm]
visor (m)	viewfinder	['vjuːˌfaɪndə(r)]

câmara (f) digital	digital camera	['dɪdʒɪtəl 'kæmərə]
tripé (m)	tripod	['traɪpɒd]
flash (m)	flash	[flæʃ]

| fotografar (vt) | to photograph (vt) | [tə 'fəʊtəɡrɑːf] |
| tirar fotos | to take pictures | [tə ˌteɪk 'pɪktʃəz] |

foco (m)	focus	['fəʊkəs]
focar (vt)	to focus	[tə 'fəʊkəs]
nítido	sharp	[ʃɑːp]
nitidez (f)	sharpness	['ʃɑːpnɪs]

| contraste (m) | contrast | ['kɒntrɑːst] |
| contrastante | contrast | ['kɒntrɑːst] |

retrato (m)	picture	['pɪktʃə(r)]
negativo (m)	negative	['neɡətɪv]
filme (m)	film	[fɪlm]
fotograma (m)	frame	[freɪm]
imprimir (vt)	to print (vt)	[tə prɪnt]

138. Praia. Natação

| praia (f) | beach | [biːtʃ] |
| areia (f) | sand | [sænd] |

deserto	deserted	[dɪ'zɜːtɪd]
bronzeado (m)	suntan	['sʌntæn]
bronzear-se (vr)	to get a tan	[tə get ə tæn]
bronzeado	tanned	[tænd]
protetor (m) solar	sunscreen	['sʌnskriːn]
biquíni (m)	bikini	[bɪ'kiːnɪ]
fato (m) de banho	swimsuit	['swɪmsuːt]
calção (m) de banho	swim trunks	['swɪm trʌŋks]
piscina (f)	swimming pool	['swɪmɪŋ puːl]
nadar (vi)	to swim (vi)	[tə swɪm]
duche (m)	shower	['ʃaʊə(r)]
mudar de roupa	to change (vi)	[tə tʃeɪndʒ]
toalha (f)	towel	['taʊəl]
barco (m)	boat	[bəʊt]
lancha (f)	motorboat	['məʊtəbəʊt]
esqui (m) aquático	water ski	['wɔːtə skiː]
barco (m) de pedais	pedalo	['pedələʊ]
surf (m)	surfing	['sɜːfɪŋ]
surfista (m)	surfer	['sɜːfə(r)]
equipamento (m) de mergulho	scuba set	['skuːbə set]
barbatanas (f pl)	flippers	['flɪpəz]
máscara (f)	mask	[mɑːsk]
mergulhador (m)	diver	['daɪvə(r)]
mergulhar (vi)	to dive (vi)	[tə daɪv]
debaixo d'água	underwater	[ˌʌndə'wɔːtə(r)]
guarda-sol (m)	beach umbrella	[biːtʃ ʌm'brelə]
espreguiçadeira (f)	beach chair	[biːtʃ tʃeə]
óculos (m pl) de sol	sunglasses	['sʌnˌglɑːsɪz]
colchão (m) de ar	air mattress	[eə 'mætrɪs]
brincar (vi)	to play (vi)	[tə pleɪ]
ir nadar	to go for a swim	[tə gəʊ fɔrə swɪm]
bola (f) de praia	beach ball	[biːtʃ bɔːl]
encher (vt)	to inflate (vt)	[tə ɪn'fleɪt]
inflável, de ar	inflatable, air	[ɪn'fleɪtəbəl], [eə]
onda (f)	wave	[weɪv]
boia (f)	buoy	[bɔɪ]
afogar-se (pessoa)	to drown (vi)	[tə draʊn]
salvar (vt)	to save, to rescue	[tə seɪv], [tə 'reskjuː]
colete (m) salva-vidas	life jacket	[laɪf 'dʒækɪt]
observar (vt)	to observe, to watch	[əb'zɜːv], [tə wɒtʃ]

EQUIPAMENTO TÉCNICO. TRANSPORTES

Equipamento técnico. Transportes

139. Computador

computador (m)	computer	[kəm'pju:tə(r)]
portátil (m)	notebook, laptop	['nəutbʊk], ['læptɒp]
ligar (vt)	to switch on (vt)	[tə swɪtʃ ɒn]
desligar (vt)	to turn off (vt)	[tə tɜ:n ɒf]
teclado (m)	keyboard	['ki:bɔ:d]
tecla (f)	key	[ki:]
rato (m)	mouse	[maʊs]
tapete (m) de rato	mouse mat	['maʊs mæt]
botão (m)	button	['bʌtən]
cursor (m)	cursor	['kɜ:sə(r)]
monitor (m)	monitor	['mɒnɪtə(r)]
ecrã (m)	screen	[skri:n]
disco (m) rígido	hard disk	[hɑ:d dɪsk]
capacidade (f) do disco rígido	hard disk capacity	[hɑ:d dɪsk kə'pæsɪtɪ]
memória (f)	memory	['memərɪ]
memória RAM (f)	random access memory	['rændəm 'ækses 'memərɪ]
ficheiro (m)	file	[faɪl]
pasta (f)	folder	['fəʊldə(r)]
abrir (vt)	to open (vt)	[tə 'əʊpən]
fechar (vt)	to close (vt)	[tə kləʊz]
guardar (vt)	to save (vt)	[tə seɪv]
apagar, eliminar (vt)	to delete (vt)	[tə dɪ'li:t]
copiar (vt)	to copy (vt)	[tə 'kɒpɪ]
ordenar (vt)	to sort (vt)	[tə sɔ:t]
programa (m)	programme	['prəʊgræm]
software (m)	software	['sɒftweə(r)]
programador (m)	programmer	['prəʊgræmə(r)]
programar (vt)	to program (vt)	[tə 'prəʊgræm]
hacker (m)	hacker	['hækə(r)]
senha (f)	password	['pɑ:swɜ:d]
vírus (m)	virus	['vaɪrəs]
detetar (vt)	to find, to detect	[tə faɪnd], [tə dɪ'tekt]
byte (m)	byte	[baɪt]
megabyte (m)	megabyte	['megəbaɪt]

| dados (m pl) | data | ['deɪtə] |
| base (f) de dados | database | ['deɪtəbeɪs] |

cabo (m)	cable	['keɪbəl]
desconectar (vt)	to disconnect (vt)	[tə ˌdɪskə'nekt]
conetar (vt)	to connect (vt)	[tə kə'nekt]

140. Internet. E-mail

internet (f)	Internet	['ɪntənet]
browser (m)	browser	['braʊzə(r)]
motor (m) de busca	search engine	[sɜːʧ 'endʒɪn]
provedor (m)	provider	[prə'vaɪdə(r)]

webmaster (m)	webmaster	[web peɪʤ]
website, sítio web (m)	website	['websaɪt]
página (f) web	webpage	[web peɪʤ]

| endereço (m) | address | [ə'dres] |
| livro (m) de endereços | address book | [ə'dres bʊk] |

caixa (f) de correio	postbox	['pəʊstbɒks]
correio (m)	post	[pəʊst]
cheia (caixa de correio)	full	[fʊl]

mensagem (f)	message	['mesɪʤ]
mensagens (f pl) recebidas	incoming messages	['ɪnˌkʌmɪŋ 'mesɪʤɪz]
mensagens (f pl) enviadas	outgoing messages	['aʊtˌgəʊɪŋ 'mesɪʤɪz]
remetente (m)	sender	['sendə(r)]
enviar (vt)	to send (vt)	[tə send]
envio (m)	sending	['sendɪŋ]

| destinatário (m) | receiver | [rɪ'siːvə(r)] |
| receber (vt) | to receive (vt) | [tə rɪ'siːv] |

| correspondência (f) | correspondence | [ˌkɒrɪ'spɒndəns] |
| corresponder-se (vr) | to correspond (vi) | [tə ˌkɒrɪ'spɒnd] |

ficheiro (m)	file	[faɪl]
fazer download, baixar	to download (vt)	[tə 'daʊnləʊd]
criar (vt)	to create (vt)	[tə kri:'eɪt]
apagar, eliminar (vt)	to delete (vt)	[tə dɪ'liːt]
eliminado	deleted	[dɪ'liːtɪd]

conexão (f)	connection	[kə'nekʃən]
velocidade (f)	speed	[spiːd]
modem (m)	modem	['məʊdem]
acesso (m)	access	['ækses]
porta (f)	port	[pɔːt]

conexão (f)	connection	[kə'nekʃən]
conetar (vi)	to connect to ...	[tə kə'nekt tə]
escolher (vt)	to select (vt)	[tə sɪ'lekt]
buscar (vt)	to search for ...	[tə sɜːʧ fɔː(r)]

Transportes

141. Avião

avião (m)	aeroplane	['eərəpleɪn]
bilhete (m) de avião	air ticket	['eə 'tɪkɪt]
companhia (f) aérea	airline	['eəlaɪn]
aeroporto (m)	airport	['eəpɔ:t]
supersónico	supersonic	[ˌsu:pə'sɒnɪk]
comandante (m) do avião	captain	['kæptɪn]
tripulação (f)	crew	[kru:]
piloto (m)	pilot	['paɪlət]
hospedeira (f) de bordo	stewardess	['stjʊədɪs]
copiloto (m)	navigator	['nævɪgeɪtə(r)]
asas (f pl)	wings	[wɪŋz]
cauda (f)	tail	[teɪl]
cabine (f) de pilotagem	cockpit	['kɒkpɪt]
motor (m)	engine	['endʒɪn]
trem (m) de aterragem	landing gear	['lændɪŋ gɪə(r)]
turbina (f)	turbine	['tɜ:baɪn]
hélice (f)	propeller	[prə'pelə(r)]
caixa-preta (f)	black box	[blæk bɒks]
coluna (f) de controlo	yoke, control column	[jəʊk], [kən'trəʊl 'kɒləm]
combustível (m)	fuel	[fjʊəl]
instruções (f pl) de segurança	safety card	['seɪftɪ kɑ:d]
máscara (f) de oxigénio	oxygen mask	['ɒksɪdʒən mɑ:sk]
uniforme (m)	uniform	['junɪfɔ:m]
colete (m) salva-vidas	lifejacket	[laɪf 'dʒækɪt]
paraquedas (m)	parachute	['pærəʃu:t]
descolagem (f)	takeoff	['teɪkɒf]
descolar (vi)	to take off (vi)	[tə teɪk ɒf]
pista (f) de descolagem	runway	['rʌnˌweɪ]
visibilidade (f)	visibility	[ˌvɪzɪ'bɪlɪtɪ]
voo (m)	flight	[flaɪt]
altura (f)	altitude	['æltɪtju:d]
poço (m) de ar	air pocket	[eə 'pɒkɪt]
assento (m)	seat	[si:t]
auscultadores (m pl)	headphones	['hedfəʊnz]
mesa (f) rebatível	folding tray	['fəʊldɪŋ treɪ]
vigia (f)	window	['wɪndəʊ]
passagem (f)	aisle	[aɪl]

142. Comboio

comboio (m)	train	[treɪn]
comboio (m) suburbano	commuter train	[kə'mju:tə(r) treɪn]
comboio (m) rápido	express train	[ɪk'spres treɪn]
locomotiva (f) diesel	diesel locomotive	['di:zəl ˌləʊkə'məʊtɪv]
locomotiva (f) a vapor	steam locomotive	[sti:m ˌləʊkə'məʊtɪv]
carruagem (f)	coach, carriage	[kəʊʧ], ['kærɪʤ]
carruagem restaurante (f)	buffet car	['bʊfeɪ kɑ:(r)]
carris (m pl)	rails	[reɪlz]
caminho de ferro (m)	railway	['reɪlweɪ]
travessa (f)	sleeper	['sli:pə(r)]
plataforma (f)	platform	['plætfɔ:m]
linha (f)	platform	['plætfɔ:m]
semáforo (m)	semaphore	['seməfɔ:(r)]
estação (f)	station	['steɪʃən]
maquinista (m)	train driver	[treɪn 'draɪvə(r)]
bagageiro (m)	porter	['pɔ:tə(r)]
hospedeiro, -a (da carruagem)	carriage attendant	[kɑ:(r) ə'tendənt]
passageiro (m)	passenger	['pæsɪnʤə(r)]
revisor (m)	ticket inspector	['tɪkɪt ɪn'spektə]
corredor (m)	corridor	['kɒrɪˌdɔ:(r)]
freio (m) de emergência	emergency brake	[ɪ'mɜːʤənsɪ breɪk]
compartimento (m)	compartment	[kəm'pɑ:tmənt]
cama (f)	berth	[bɜ:θ]
cama (f) de cima	upper berth	['ʌpə bɜ:θ]
cama (f) de baixo	lower berth	['ləʊə 'bɜ:θ]
roupa (f) de cama	bed linen, bedding	[bed 'lɪnɪn], ['bedɪŋ]
bilhete (m)	ticket	['tɪkɪt]
horário (m)	timetable	['taɪmˌteɪbəl]
painel (m) de informação	information display	[ˌɪnfə'meɪʃən dɪ'spleɪ]
partir (vt)	to leave, to depart	[tə li:v], [tə dɪ'pɑ:t]
partida (f)	departure	[dɪ'pɑ:ʧə(r)]
chegar (vi)	to arrive (vi)	[tə ə'raɪv]
chegada (f)	arrival	[ə'raɪvəl]
chegar de comboio	to arrive by train	[tə ə'raɪv baɪ treɪn]
apanhar o comboio	to get on the train	[tə ˌget ɒn ðə 'treɪn]
sair do comboio	to get off the train	[tə ˌget ev ðə 'treɪn]
acidente (m) ferroviário	train crash	[treɪn kræʃ]
descarrilar (vi)	to derail (vi)	[tə dɪ'reɪl]
locomotiva (f) a vapor	steam locomotive	[sti:m ˌləʊkə'məʊtɪv]
fogueiro (m)	stoker, fireman	['stəʊkə], ['faɪəmən]
fornalha (f)	firebox	['faɪəbɒks]
carvão (m)	coal	[kəʊl]

143. Barco

navio (m)	ship	[ʃɪp]
embarcação (f)	vessel	['vesəl]
vapor (m)	steamship	['sti:mʃɪp]
navio (m)	riverboat	['rɪvəˌbəʊt]
transatlântico (m)	cruise ship	[kru:z ʃɪp]
cruzador (m)	cruiser	['kru:zə(r)]
iate (m)	yacht	[jɒt]
rebocador (m)	tugboat	['tʌgbəʊt]
barcaça (f)	barge	[bɑ:dʒ]
ferry (m)	ferry	['ferɪ]
veleiro (m)	sailing ship	['seɪlɪŋ ʃɪp]
bergantim (m)	brigantine	['brɪgənti:n]
quebra-gelo (m)	ice breaker	['aɪsˌbreɪkə(r)]
submarino (m)	submarine	[ˌsʌbmə'ri:n]
bote, barco (m)	boat	[bəʊt]
bote, dingue (m)	dinghy	['dɪŋgɪ]
bote (m) salva-vidas	lifeboat	['laɪfbəʊt]
lancha (f)	motorboat	['məʊtəbəʊt]
capitão (m)	captain	['kæptɪn]
marinheiro (m)	seaman	['si:mən]
marujo (m)	sailor	['seɪlə(r)]
tripulação (f)	crew	[kru:]
contramestre (m)	boatswain	['bəʊsən]
grumete (m)	ship's boy	[ʃɪps bɔɪ]
cozinheiro (m) de bordo	cook	[kʊk]
médico (m) de bordo	ship's doctor	[ʃɪps 'dɒktə(r)]
convés (m)	deck	[dek]
mastro (m)	mast	[mɑ:st]
vela (f)	sail	[seɪl]
porão (m)	hold	[həʊld]
proa (f)	bow	['baʊ]
popa (f)	stern	[stɜ:n]
remo (m)	oar	[ɔ:(r)]
hélice (f)	propeller	[prə'pelə(r)]
camarote (m)	cabin	['kæbɪn]
sala (f) dos oficiais	wardroom	['wɔ:drʊm]
sala (f) das máquinas	engine room	['endʒɪn ˌru:m]
ponte (m) de comando	bridge	[brɪdʒ]
sala (f) de comunicações	radio room	['reɪdɪəʊ rʊm]
onda (f) de rádio	wave	[weɪv]
diário (m) de bordo	logbook	['lɒgbʊk]
luneta (f)	spyglass	['spaɪglɑ:s]
sino (m)	bell	[bel]

bandeira (f)	flag	[flæg]
cabo (m)	hawser	['hɔ:zə(r)]
nó (m)	knot	[nɒt]

| corrimão (m) | deckrails | ['dekreɪlz] |
| prancha (f) de embarque | gangway | ['gæŋweɪ] |

âncora (f)	anchor	['æŋkə(r)]
recolher a âncora	to weigh anchor	[tə weɪ 'æŋkə(r)]
lançar a âncora	to drop anchor	[tə drɒp 'æŋkə(r)]
amarra (f)	anchor chain	['æŋkə ˌtʃeɪn]

porto (m)	port	[pɔ:t]
cais, amarradouro (m)	quay, wharf	[ki:], [wɔ:f]
atracar (vi)	to berth, to moor	[tə bɜ:θ], [tə mɔ:(r)]
desatracar (vi)	to cast off	[tə kɑ:st ɒf]

viagem (f)	trip	[trɪp]
cruzeiro (m)	cruise	[kru:z]
rumo (m), rota (f)	course	[kɔ:s]
itinerário (m)	route	[ru:t]

canal (m) navegável	fairway	['feəweɪ]
banco (m) de areia	shallows	['ʃæləʊz]
encalhar (vt)	to run aground	[tə rʌn ə'graʊnd]

tempestade (f)	storm	[stɔ:m]
sinal (m)	signal	['sɪgnəl]
afundar-se (vr)	to sink (vi)	[tə sɪŋk]
Homem ao mar!	Man overboard!	[ˌmæn 'əʊvəbɔ:d]
SOS	SOS	[ˌesəʊ'es]
boia (f) salva-vidas	ring buoy	[rɪŋ bɔɪ]

144. Aeroporto

aeroporto (m)	airport	['eəpɔ:t]
avião (m)	aeroplane	['eərəpleɪn]
companhia (f) aérea	airline	['eəlaɪn]
controlador (m) de tráfego aéreo	air traffic controller	['eə 'træfɪk kən'trəʊlə]

partida (f)	departure	[dɪ'pɑ:tʃə(r)]
chegada (f)	arrival	[ə'raɪvəl]
chegar (~ de avião)	to arrive (vi)	[tə ə'raɪv]

| hora (f) de partida | departure time | [dɪ'pɑ:tʃə ˌtaɪm] |
| hora (f) de chegada | arrival time | [ə'raɪvəl taɪm] |

| estar atrasado | to be delayed | [tə bi dɪ'leɪd] |
| atraso (m) de voo | flight delay | [flaɪt dɪ'leɪ] |

painel (m) de informação	information board	[ˌɪnfə'meɪʃən bɔ:d]
informação (f)	information	[ˌɪnfə'meɪʃən]
anunciar (vt)	to announce (vt)	[tə ə'naʊns]

voo (m)	**flight**	[flaɪt]
alfândega (f)	**customs**	['kʌstəmz]
funcionário (m) da alfândega	**customs officer**	['kʌstəmz 'ɒfɪsə(r)]

declaração (f) alfandegária	**customs declaration**	['kʌstəmz ˌdeklə'reɪʃən]
preencher (vt)	**to fill in** (vt)	[tə fɪl 'ɪn]
preencher a declaração	**to fill in the declaration**	[tə fɪl 'ɪn ðə ˌdeklə'reɪʃən]
controlo (m) de passaportes	**passport control**	['pɑːspɔːt kən'trəʊl]

bagagem (f)	**luggage**	['lʌgɪʤ]
bagagem (f) de mão	**hand luggage**	['hændˌlʌgɪʤ]
carrinho (m)	**luggage trolley**	['lʌgɪʤ 'trɒlɪ]

aterragem (f)	**landing**	['lændɪŋ]
pista (f) de aterragem	**landing strip**	['lændɪŋ strɪp]
aterrar (vi)	**to land** (vi)	[tə lænd]
escada (f) de avião	**airstairs**	[eə'steəz]

check-in (m)	**check-in**	['ʧek ɪŋ]
balcão (m) do check-in	**check-in counter**	[ʧek-'ɪn 'kaʊntə(r)]
fazer o check-in	**to check-in** (vi)	[tə ʧek ɪn]
cartão (m) de embarque	**boarding card**	['bɔːdɪŋ kɑːd]
porta (f) de embarque	**departure gate**	[dɪ'pɑːʧə ˌgeɪt]

trânsito (m)	**transit**	['trænsɪt]
esperar (vi, vt)	**to wait** (vt)	[tə weɪt]
sala (f) de espera	**departure lounge**	[dɪ'pɑːʧə laʊnʤ]

145. Bicicleta. Motocicleta

bicicleta (f)	**bicycle**	['baɪsɪkəl]
scotter, lambreta (f)	**scooter**	['skuːtə(r)]
mota (f)	**motorbike**	['məʊtəbaɪk]

ir de bicicleta	**to go by bicycle**	[tə gəʊ baɪ 'baɪsɪkəl]
guiador (m)	**handlebars**	['hændəlbɑːz]
pedal (m)	**pedal**	['pedəl]
travões (m pl)	**brakes**	[breɪks]
selim (m)	**bicycle seat, saddle**	['baɪsɪkəl siːt], ['sædəl]

bomba (f) de ar	**pump**	[pʌmp]
porta-bagagens (m)	**pannier rack**	['pænɪə ræk]
lanterna (f)	**front lamp**	[frʌnt læmp]
capacete (m)	**helmet**	['helmɪt]

roda (f)	**wheel**	[wiːl]
guarda-lamas (m)	**mudguard**	['mʌdgɑːd]
aro (m)	**rim**	[rɪm]
raio (m)	**spoke**	[spəʊk]

Carros

146. Tipos de carros

carro, automóvel (m)	car	[kɑ:(r)]
carro (m) desportivo	sports car	['spɔ:ts kɑ:(r)]
limusine (f)	limousine	['lɪməzi:n]
todo o terreno (m)	off-road vehicle	[ɒf'rəʊd 'vi:ɪkəl]
descapotável (m)	drophead coupé	['drɒphed 'ku:peɪ]
minibus (m)	minibus	['mɪnɪbʌs]
ambulância (f)	ambulance	['æmbjʊləns]
limpa-neve (m)	snowplough	['snəʊplaʊ]
camião (m)	lorry	['lɒrɪ]
camião-cisterna (m)	road tanker	[rəʊd 'tæŋkə]
carrinha (f)	van	[væn]
camião-trator (m)	tractor unit	['træktə(r) 'ju:nɪt]
atrelado (m)	trailer	['treɪlə(r)]
confortável	comfortable	['kʌmfətəbəl]
usado	used	[ju:zd]

147. Carros. Carroçaria

capô (m)	bonnet	['bɒnɪt]
guarda-lamas (m)	wing	[wɪŋ]
tejadilho (m)	roof	[ru:f]
para-brisa (m)	windscreen	['wɪndskri:n]
espelho (m) retrovisor	rear-view mirror	['rɪəvju: 'mɪrə(r)]
lavador (m)	windscreen washer	['wɪndskri:n wɒʃə(r)]
limpa-para-brisas (m)	windscreen wipers	['wɪndskri:n 'waɪpəz]
vidro (m) lateral	side window	[ˌsaɪd 'wɪndəʊ]
elevador (m) do vidro	electric window	[ɪ'lektrɪk 'wɪndəʊ]
antena (f)	aerial	['eərɪəl]
teto solar (m)	sunroof	['sʌnru:f]
para-choques (m pl)	bumper	['bʌmpə(r)]
bagageira (f)	boot	[bu:t]
bagageira (f) de tejadilho	roof luggage rack	[ru:f 'lʌgɪdʒ ræk]
porta (f)	door	[dɔ:(r)]
maçaneta (f)	door handle	['dɔ: ˌhændəl]
fechadura (f)	door lock	[dɔ: lɒk]
matrícula (f)	number plate	['nʌmbə pleɪt]
silenciador (m)	silencer	['saɪlənsə(r)]

tanque (m) de gasolina	petrol tank	['petrəl tæŋk]
tubo (m) de escape	exhaust pipe	[ɪg'zɔːst paɪp]
acelerador (m)	accelerator	[ək'seləreɪtə(r)]
pedal (m)	pedal	['pedəl]
pedal (m) do acelerador	accelerator pedal	[ək'seləreɪtə 'pedəl]
travão (m)	brake	[breɪk]
pedal (m) do travão	brake pedal	[ˌbreɪk 'pedəl]
travar (vt)	to brake (vi)	[tə breɪk]
travão (m) de mão	handbrake	['hændbreɪk]
embraiagem (f)	clutch	[klʌtʃ]
pedal (m) da embraiagem	clutch pedal	[klʌtʃ 'pedəl]
disco (m) de embraiagem	clutch disc	[klʌtʃ dɪsk]
amortecedor (m)	shock absorber	[ʃɒk əb'sɔːbə]
roda (f)	wheel	[wiːl]
pneu (m) sobresselente	spare tyre	[speə 'taɪə(r)]
pneu (m)	tyre	['taɪə(r)]
tampão (m) de roda	wheel cover	[wiːl 'kʌvə(r)]
rodas (f pl) motrizes	driving wheels	['draɪvɪŋ ˌwiːlz]
de tração dianteira	front-wheel drive	['frʌnt wiːl ˌdraɪv]
de tração traseira	rear-wheel drive	[ˌrɪə 'wiːl 'draɪv]
de tração às 4 rodas	all-wheel drive	[ˌɔːl-wiːl 'draɪv]
caixa (f) de mudanças	gearbox	['gɪəbɒks]
automático	automatic	[ˌɔːtə'mætɪk]
mecânico	mechanical	[mɪ'kænɪkəl]
alavanca (f) das mudanças	gear lever	[gɪə 'liːvə]
farol (m)	headlamp	['hedlæmp]
faróis, luzes	headlights	['hedlaɪts]
médios (m pl)	dipped headlights	[dɪpt 'hedlaɪts]
máximos (m pl)	full headlights	[fʊl 'hedlaɪts]
luzes (f pl) de stop	brake light	['breɪklaɪt]
mínimos (m pl)	sidelights	['saɪdlaɪts]
luzes (f pl) de emergência	hazard lights	['hæzəd laɪts]
faróis (m pl) antinevoeiro	fog lights	[fɒg laɪts]
pisca-pisca (m)	turn indicator	[tɜːn 'ɪndɪkeɪtə(r)]
luz (f) de marcha atrás	reversing light	[rɪ'vɜːsɪŋ laɪt]

148. Carros. Habitáculo

interior (m) do carro	car inside	[kɑːrɪn'saɪd]
de couro, de pele	leather	['leðə(r)]
de veludo	velour	[və'lʊə(r)]
estofos (m pl)	upholstery	[ˌʌp'həʊlstəri]
indicador (m)	instrument	['ɪnstrʊmənt]
painel (m) de instrumentos	dashboard	['dæʃbɔːd]

| velocímetro (m) | speedometer | [spɪ'dɒmɪtə(r)] |
| ponteiro (m) | needle | ['niːdəl] |

conta-quilómetros (m)	mileometer	[maɪ'lɒmɪtə(r)]
sensor (m)	indicator, sensor	['ɪndɪkeɪtə], ['sensə]
nível (m)	level	['levəl]
luz (f) avisadora	warning light	['wɔːnɪŋ laɪt]

volante (m)	steering wheel	['stɪərɪŋ wiːl]
buzina (f)	horn	[hɔːn]
botão (m)	button	['bʌtən]
interruptor (m)	switch	[swɪtʃ]

assento (m)	seat	[siːt]
costas (f pl) do assento	backrest	['bækrest]
cabeceira (f)	headrest	['hedrest]
cinto (m) de segurança	seat belt	[siːt belt]
apertar o cinto	to fasten the belt	[tə 'fɑːsən ðə belt]
regulação (f)	adjustment	[ə'dʒʌstmənt]

| airbag (m) | airbag | ['eəbæg] |
| ar (m) condicionado | air-conditioner | [eə kən'dɪʃənə] |

rádio (m)	radio	['reɪdɪəʊ]
leitor (m) de CD	CD Player	[ˌsiː'diː 'pleɪə(r)]
ligar (vt)	to turn on (vt)	[tə tɜːn ɒn]
antena (f)	aerial	['eərɪəl]
porta-luvas (m)	glove box	['glʌvˌbɒks]
cinzeiro (m)	ashtray	['æʃtreɪ]

149. Carros. Motor

motor (m)	engine	['endʒɪn]
motor (m)	motor	['məʊtə(r)]
diesel	diesel	['diːzəl]
a gasolina	petrol	['petrəl]

cilindrada (f)	engine volume	['endʒɪn 'vɒljuːm]
potência (f)	power	['paʊə(r)]
cavalo-vapor (m)	horsepower	['hɔːsˌpaʊə(r)]
pistão (m)	piston	['pɪstən]
cilindro (m)	cylinder	['sɪlɪndə(r)]
válvula (f)	valve	[vælv]

injetor (m)	injector	[ɪn'dʒektə(r)]
gerador (m)	generator	['dʒenəreɪtə(r)]
carburador (m)	carburettor	[ˌkɑːbə'retə(r)]
óleo (m) para motor	motor oil	['məʊtə(r) ˌɔɪl]

radiador (m)	radiator	['reɪdɪeɪtə(r)]
refrigerante (m)	coolant	['kuːlənt]
ventilador (m)	cooling fan	['kuːlɪŋ fæn]
bateria (f)	battery	['bætərɪ]
dispositivo (m) de arranque	starter	['stɑːtə(r)]

| ignição (f) | ignition | [ɪɡ'nɪʃən] |
| vela (f) de ignição | sparking plug | ['spɑːkɪŋ plʌɡ] |

borne (m)	terminal	['tɜːmɪnəl]
borne (m) positivo	positive terminal	['pɒzɪtɪv 'tɜːmɪnəl]
borne (m) negativo	negative terminal	['neɡətɪv 'tɜːmɪnəl]
fusível (m)	fuse	[fjuːz]

filtro (m) de ar	air filter	[eə 'fɪltə(r)]
filtro (m) de óleo	oil filter	[ɔɪl 'fɪltə(r)]
filtro (m) de combustível	fuel filter	[fjʊəl 'fɪltə(r)]

150. Carros. Batidas. Reparação

acidente (m) de carro	car crash	[kɑːr kræʃ]
acidente (m) rodoviário	traffic accident	['træfɪk 'æksɪdənt]
ir contra ...	to crash (vi)	[tə kræʃ]
sofrer um acidente	to get smashed up	[tə ɡet smæʃt ʌp]
danos (m pl)	damage	['dæmɪdʒ]
intato	intact	[ɪn'tækt]

avaria (no motor, etc.)	breakdown	['breɪkdaʊn]
avariar (vi)	to break down (vi)	[tə 'breɪkdaʊn]
cabo (m) de reboque	towrope	['təʊrəʊp]

furo (m)	puncture	['pʌŋktʃə]
estar furado	to have a puncture	[tə ˌhævə 'pʌŋktʃə]
encher (vt)	to pump up	[tə pʌmp ʌp]
pressão (f)	pressure	['preʃə(r)]
verificar (vt)	to check (vt)	[tə tʃek]

reparação (f)	repair	[rɪ'peə(r)]
oficina (f) de reparação de carros	auto repair shop	['ɔːtəʊ rɪ'peə ʃɒp]
peça (f) sobresselente	spare part	[speə pɑːt]
peça (f)	part	[pɑːt]

parafuso (m)	bolt	[bəʊlt]
parafuso (m)	screw	[skruː]
porca (f)	nut	[nʌt]
anilha (f)	washer	['wɒʃə(r)]
rolamento (m)	bearing	['beərɪŋ]

tubo (m)	tube	[tjuːb]
junta (f)	gasket	['ɡæskɪt]
fio, cabo (m)	cable, wire	['keɪbəl], ['waɪə]

macaco (m)	jack	[dʒæk]
chave (f) de boca	spanner	['spænə(r)]
martelo (m)	hammer	['hæmə(r)]
bomba (f)	pump	[pʌmp]
chave (f) de fendas	screwdriver	['skruːˌdraɪvə(r)]
extintor (m)	fire extinguisher	['faɪər ɪk'stɪŋɡwɪʃə(r)]
triângulo (m) de emergência	warning triangle	['wɔːnɪŋ 'traɪæŋɡəl]

parar (vi) (motor)	to stall (vi)	[tə stɔːl]
paragem (f)	stall	['stɔːl]
estar quebrado	to be broken	[tə bi 'brəʊkən]

superaquecer-se (vr)	to overheat (vi)	[tə ˌəʊvə'hiːt]
entupir-se (vr)	to be clogged up	[tə biː ˌklɒgd 'ʌp]
congelar-se (vr)	to freeze up	[tə friːz 'ʌp]
rebentar (vi)	to burst (vi)	[tə bɜːst]

pressão (f)	pressure	['preʃə(r)]
nível (m)	level	['levəl]
frouxo	slack	[slæk]

mossa (f)	dent	[dent]
ruído (m)	knocking noise	['nɒkɪŋ nɔɪz]
fissura (f)	crack	[kræk]
arranhão (m)	scratch	[skrætʃ]

151. Carros. Estrada

estrada (f)	road	[rəʊd]
autoestrada (f)	motorway	['məʊtəˌweɪ]
rodovia (f)	highway	['haɪweɪ]
direção (f)	direction	[dɪ'rekʃən]
distância (f)	distance	['dɪstəns]

ponte (f)	bridge	[brɪdʒ]
parque (m) de estacionamento	car park	[kɑː pɑːk]
praça (f)	square	[skweə(r)]
nó (m) rodoviário	road junction	[rəʊd 'dʒʌŋkʃən]
túnel (m)	tunnel	['tʌnəl]

posto (m) de gasolina	petrol station	['petrəl 'steɪʃən]
parque (m) de estacionamento	car park	[kɑː pɑːk]
bomba (f) de gasolina	petrol pump	['petrəl pʌmp]
oficina (f) de reparação de carros	auto repair shop	['ɔːtəʊ rɪ'peə ʃɒp]
abastecer (vt)	to fill up	[tə fɪl ʌp]
combustível (m)	fuel	[fjʊəl]
bidão (m) de gasolina	jerrycan	['dʒerɪkæn]

asfalto (m)	asphalt, tarmac	['æsfælt], ['tɑːmæk]
marcação (f) de estradas	road markings	[rəʊd 'mɑːkɪŋz]
lancil (m)	kerb	[kɜːb]
proteção (f) guard-rail	crash barrier	[kræʃ 'bærɪə(r)]
valeta (f)	ditch	[dɪtʃ]
berma (f) da estrada	roadside	['rəʊdsaɪd]
poste (m) de luz	lamppost	['læmppəʊst]

conduzir, guiar (vt)	to drive (vi, vt)	[tə draɪv]
virar (ex. ~ à direita)	to turn (vi)	[tə tɜːn]
dar retorno	to make a U-turn	[tə meɪk ə juː-tɜːn]
marcha-atrás (f)	reverse	[rɪ'vɜːs]
buzinar (vi)	to honk (vi)	[tə hɒnk]

137

buzina (f)	honk	[hɒŋk]
atolar-se (vr)	to get stuck	[tə get stʌk]
patinar (na lama)	to spin the wheels	[tə spɪn ðə wiːlz]
desligar (vt)	to stop, to turn off	[tə stɒp], [tə tɜːn ɒf]
velocidade (f)	speed	[spiːd]
exceder a velocidade	to exceed the speed limit	[tə ɪk'siːd ðə spiːd 'lɪmɪt]
multar (vt)	to give sb a ticket	[tə gɪv … ə 'tɪkɪt]
semáforo (m)	traffic lights	['træfɪk laɪts]
carta (f) de condução	driving licence	['draɪvɪŋ ˌlaɪsəns]
passagem (f) de nível	level crossing	['levəl 'krɒsɪŋ]
cruzamento (m)	crossroads	['krɒsrəʊdz]
passadeira (f)	zebra crossing	['zebrə ˌkrɒsɪŋ]
curva (f)	bend, curve	[bend], [kɜːv]
zona (f) pedonal	pedestrian precinct	[pɪ'destrɪən 'priːsɪŋkt]

PESSOAS. EVENTOS

Eventos

152. Férias. Evento

festa (f)	celebration, holiday	[ˌselɪ'breɪʃən], ['hɒlɪdeɪ]
festa (f) nacional	national day	['næʃənəl deɪ]
feriado (m)	public holiday	['pʌblɪk 'hɒlɪdeɪ]
festejar (vt)	to commemorate (vt)	[tə kə'meməˌreɪt]
evento (festa, etc.)	event	[ɪ'vent]
evento (banquete, etc.)	event	[ɪ'vent]
banquete (m)	banquet	['bæŋkwɪt]
receção (f)	reception	[rɪ'sepʃən]
festim (m)	feast	[fiːst]
aniversário (m)	anniversary	[ænɪ'vɜːsərɪ]
jubileu (m)	jubilee	['dʒuːbɪliː]
celebrar (vt)	to celebrate (vt)	[tə 'selɪbreɪt]
Ano (m) Novo	New Year	[njuː jɪə(r)]
Feliz Ano Novo!	Happy New Year!	['hæpɪ njuː jɪə(r)]
Pai (m) Natal	Father Christmas	['fɑːðə(r) 'krɪsməs]
Natal (m)	Christmas	['krɪsməs]
Feliz Natal!	Merry Christmas!	[ˌmerɪ 'krɪsməs]
árvore (f) de Natal	Christmas tree	['krɪsməs triː]
fogo (m) de artifício	fireworks	['faɪəwɜːks]
boda (f)	wedding	['wedɪŋ]
noivo (m)	groom	[gruːm]
noiva (f)	bride	[braɪd]
convidar (vt)	to invite (vt)	[tə ɪn'vaɪt]
convite (m)	invitation card	[ˌɪnvɪ'teɪʃən kɑːd]
convidado (m)	guest	[gest]
visitar (vt)	to visit with ...	[tə 'vɪzɪt wɪð]
receber os hóspedes	to meet the guests	[tə miːt ðə gests]
presente (m)	gift, present	[gɪft], ['prezənt]
oferecer (vt)	to give (vt)	[tə gɪv]
receber presentes	to receive gifts	[tə rɪ'siːv gɪfts]
ramo (m) de flores	bouquet	[bʊ'keɪ]
felicitações (f pl)	congratulations	[kənˌgrætʃʊ'leɪʃənz]
felicitar (dar os parabéns)	to congratulate (vt)	[tə kən'grætʃʊleɪt]
cartão (m) de parabéns	greetings card	['griːtɪŋz kɑːd]

| enviar um postal | to send a postcard | [tə ˌsend ə ˈpəʊstkɑːd] |
| receber um postal | to get a postcard | [tə get ə ˈpəʊstkɑːd] |

brinde (m)	toast	[təʊst]
oferecer (vt)	to offer (vt)	[tə ˈɒfə(r)]
champanhe (m)	champagne	[ʃæmˈpeɪn]

divertir-se (vr)	to enjoy oneself	[tə ɪnˈdʒɔɪ wʌnˈself]
diversão (f)	merriment, gaiety	[ˈmerɪmənt], [ˈɡeɪətɪ]
alegria (f)	joy	[dʒɔɪ]

| dança (f) | dance | [dɑːns] |
| dançar (vi) | to dance (vi, vt) | [tə dɑːns] |

| valsa (f) | waltz | [wɔːls] |
| tango (m) | tango | [ˈtæŋɡəʊ] |

153. Funerais. Enterro

cemitério (m)	cemetery	[ˈsemɪtrɪ]
sepultura (f), túmulo (m)	grave, tomb	[ɡreɪv], [tuːm]
lápide (f)	gravestone	[ˈɡreɪvstəʊn]
cerca (f)	fence	[fens]
capela (f)	chapel	[ˈtʃæpəl]

morte (f)	death	[deθ]
morrer (vi)	to die (vi)	[tə daɪ]
defunto (m)	the deceased	[ðə dɪˈsiːst]
luto (m)	mourning	[ˈmɔːnɪŋ]

enterrar, sepultar (vt)	to bury (vt)	[tə ˈberɪ]
agência (f) funerária	undertakers	[ˈʌndəˌteɪkəs]
funeral (m)	funeral	[ˈfjuːnərəl]

coroa (f) de flores	wreath	[riːθ]
caixão (m)	coffin	[ˈkɒfɪn]
carro (m) funerário	hearse	[hɜːs]
mortalha (f)	shroud	[ʃraʊd]

procissão (f) funerária	funeral procession	[ˈfjuːnərəl prəˈseʃən]
urna (f) funerária	funerary urn	[ˈfjuːnərɪ ˌɜːn]
crematório (m)	crematorium	[ˌkreməˈtɔːrɪəm]

obituário (m), necrologia (f)	obituary	[əˈbɪtʃʊərɪ]
chorar (vi)	to cry (vi)	[tə kraɪ]
soluçar (vi)	to sob (vi)	[tə sɒb]

154. Guerra. Soldados

pelotão (m)	platoon	[pləˈtuːn]
companhia (f)	company	[ˈkʌmpənɪ]
regimento (m)	regiment	[ˈredʒɪmənt]

| exército (m) | army | ['ɑːmɪ] |
| divisão (f) | division | [dɪ'vɪʒən] |

| destacamento (m) | section, squad | ['sekʃən], [skwɒd] |
| hoste (f) | host | [həʊst] |

| soldado (m) | soldier | ['səʊldʒə(r)] |
| oficial (m) | officer | ['ɒfɪsə(r)] |

soldado (m) raso	private	['praɪvɪt]
sargento (m)	sergeant	['sɑːdʒənt]
tenente (m)	lieutenant	[lef'tenənt]
capitão (m)	captain	['kæptɪn]
major (m)	major	['meɪdʒə(r)]
coronel (m)	colonel	['kɜːnəl]
general (m)	general	['dʒenərəl]

marujo (m)	sailor	['seɪlə(r)]
capitão (m)	captain	['kæptɪn]
contramestre (m)	boatswain	['bəʊsən]

artilheiro (m)	artilleryman	[ɑː'tɪlərɪmən]
soldado (m) paraquedista	paratrooper	['pærətruːpə(r)]
piloto (m)	pilot	['paɪlət]
navegador (m)	navigator	['nævɪgeɪtə(r)]
mecânico (m)	mechanic	[mɪ'kænɪk]

| sapador (m) | pioneer | [ˌpaɪə'nɪə(r)] |
| paraquedista (m) | parachutist | ['pærəʃuːtɪst] |

| explorador (m) | scout | [skaʊt] |
| franco-atirador (m) | sniper | ['snaɪpə(r)] |

patrulha (f)	patrol	[pə'trəʊl]
patrulhar (vt)	to patrol (vi, vt)	[tə pə'trəʊl]
sentinela (f)	sentry, guard	['sentrɪ], [gɑːd]

| guerreiro (m) | warrior | ['wɒrɪə(r)] |
| patriota (m) | patriot | ['pætrɪət] |

| herói (m) | hero | ['hɪərəʊ] |
| heroína (f) | heroine | ['herəʊɪn] |

| traidor (m) | traitor | ['treɪtə(r)] |
| trair (vt) | to betray (vt) | [tə bɪ'treɪ] |

| desertor (m) | deserter | [dɪ'zɜːtə(r)] |
| desertar (vt) | to desert (vi) | [tə dɪ'zɜːt] |

mercenário (m)	mercenary	['mɜːsɪnərɪ]
recruta (m)	recruit	[rɪ'kruːt]
voluntário (m)	volunteer	[ˌvɒlən'tɪə(r)]

morto (m)	dead	[ded]
ferido (m)	wounded	['wuːndɪd]
prisioneiro (m) de guerra	prisoner of war	['prɪzənə əv wɔː]

155. Guerra. Ações militares. Parte 1

guerra (f)	war	[wɔ:(r)]
guerrear (vt)	to be at war	[tə bi ət wɔ:]
guerra (f) civil	civil war	['sɪvəl wɔ:]

perfidamente	treacherously	['tretʃərəslɪ]
declaração (f) de guerra	declaration of war	[ˌdeklə'reɪʃən əv wɔ:]
declarar (vt) guerra	to declare (vt)	[tə dɪ'kleə(r)]
agressão (f)	aggression	[ə'greʃən]
atacar (vt)	to attack (vt)	[tə ə'tæk]

invadir (vt)	to invade (vt)	[tu ɪn'veɪd]
invasor (m)	invader	[ɪn'veɪdə(r)]
conquistador (m)	conqueror	['kɒŋkərə(r)]

defesa (f)	defence	[dɪ'fens]
defender (vt)	to defend (vt)	[tə dɪ'fend]
defender-se (vr)	to defend (against ...)	[tə dɪ'fend]

inimigo (m)	enemy	['enɪmɪ]
adversário (m)	adversary	['ædvəsərɪ]
inimigo	enemy	['enɪmɪ]

| estratégia (f) | strategy | ['strætɪdʒɪ] |
| tática (f) | tactics | ['tæktɪks] |

ordem (f)	order	['ɔ:də(r)]
comando (m)	command	[kə'mɑ:nd]
ordenar (vt)	to order (vt)	[tə 'ɔ:də(r)]
missão (f)	mission	['mɪʃən]
secreto	secret	['si:krɪt]

| batalha (f) | battle | ['bætəl] |
| combate (m) | combat | ['kɒmbæt] |

ataque (m)	attack	[ə'tæk]
assalto (m)	charge	[tʃɑ:dʒ]
assaltar (vt)	to storm (vt)	[tə stɔ:m]
assédio, sítio (m)	siege	[si:dʒ]

| ofensiva (f) | offensive | [ə'fensɪv] |
| passar à ofensiva | to go on the offensive | [tə gəʊ ɒn ði ə'fensɪv] |

| retirada (f) | retreat | [rɪ'tri:t] |
| retirar-se (vr) | to retreat (vi) | [tə rɪ'tri:t] |

| cerco (m) | encirclement | [ɪn'sɜ:kəlmənt] |
| cercar (vt) | to encircle (vt) | [tə ɪn'sɜ:kəl] |

bombardeio (m)	bombing	['bɒmɪŋ]
lançar uma bomba	to drop a bomb	[tə drɒp ə bɒm]
bombardear (vt)	to bomb (vt)	[tə bɒm]
explosão (f)	explosion	[ɪk'spləʊʒən]
tiro (m)	shot	[ʃɒt]

| disparar um tiro | to fire a shot | [tə ˌfaɪə ə ˈʃɒt] |
| tiroteio (m) | firing | [ˈfaɪərɪŋ] |

apontar para ...	to aim (vt)	[tə eɪm]
apontar (vt)	to point (vt)	[tə pɔɪnt]
acertar (vt)	to hit (vt)	[tə hɪt]

afundar (um navio)	to sink (vt)	[tə sɪŋk]
brecha (f)	hole	[həʊl]
afundar-se (vr)	to founder, to sink (vi)	[tə ˈfaʊndə(r)], [tə sɪŋk]

frente (m)	front	[frʌnt]
evacuação (f)	evacuation	[ɪˌvækjʊˈeɪʃən]
evacuar (vt)	to evacuate (vt)	[tə ɪˈvækjʊeɪt]

trincheira (f)	trench	[trentʃ]
arame (m) farpado	barbed wire	[ˈbɑːbd ˌwaɪə(r)]
obstáculo (m) anticarro	barrier	[ˈbærɪə(r)]
torre (f) de vigia	watchtower	[ˈwɒtʃˌtaʊə(r)]

hospital (m)	hospital	[ˈhɒspɪtəl]
ferir (vt)	to wound (vt)	[tə wuːnd]
ferida (f)	wound	[wuːnd]
ferido (m)	wounded	[ˈwuːndɪd]
ficar ferido	to be wounded	[tə bi ˈwuːndɪd]
grave (ferida ~)	serious	[ˈsɪərɪəs]

156. Armas

arma (f)	weapons	[ˈwepənz]
arma (f) de fogo	firearms	[ˈfaɪərɑːmz]
arma (f) branca	cold weapons	[ˌkəʊld ˈwepənz]

arma (f) química	chemical weapons	[ˈkemɪkəl ˈwepənz]
nuclear	nuclear	[ˈnjuːklɪə(r)]
arma (f) nuclear	nuclear weapons	[ˈnjuːklɪə ˈwepənz]

| bomba (f) | bomb | [bɒm] |
| bomba (f) atómica | atomic bomb | [əˈtɒmɪk bɒm] |

pistola (f)	pistol	[ˈpɪstəl]
caçadeira (f)	rifle	[ˈraɪfəl]
pistola-metralhadora (f)	submachine gun	[ˌsʌbməˈʃiːn gʌn]
metralhadora (f)	machine gun	[məˈʃiːn gʌn]

boca (f)	muzzle	[ˈmʌzəl]
cano (m)	barrel	[ˈbærəl]
calibre (m)	calibre	[ˈkælɪbə(r)]

gatilho (m)	trigger	[ˈtrɪgə(r)]
mira (f)	sight	[saɪt]
carregador (m)	magazine	[ˌmægəˈziːn]
coronha (f)	butt	[bʌt]
granada (f) de mão	hand grenade	[hænd grəˈneɪd]

explosivo (m)	**explosive**	[ɪk'spləʊsɪv]
bala (f)	**bullet**	['bʊlɪt]
cartucho (m)	**cartridge**	['kɑːtrɪdʒ]
carga (f)	**charge**	[ʧɑːdʒ]
munições (f pl)	**ammunition**	[ˌæmjʊ'nɪʃən]

bombardeiro (m)	**bomber**	['bɒmə(r)]
avião (m) de caça	**fighter**	['faɪtə(r)]
helicóptero (m)	**helicopter**	['helɪkɒptə(r)]

canhão (m) antiaéreo	**anti-aircraft gun**	['æntɪ-'eəkrɑːft gʌn]
tanque (m)	**tank**	[tæŋk]
canhão (de um tanque)	**tank gun**	['tæŋk ˌgʌn]

artilharia (f)	**artillery**	[ɑː'tɪlərɪ]
canhão (m)	**cannon**	['kænən]

obus (m)	**shell**	[ʃel]
granada (f) de morteiro	**mortar bomb**	['mɔːtə bɒm]
morteiro (m)	**mortar**	['mɔːtə(r)]
estilhaço (m)	**splinter**	['splɪntə(r)]

submarino (m)	**submarine**	[ˌsʌbmə'riːn]
torpedo (m)	**torpedo**	[tɔː'piːdəʊ]
míssil (m)	**missile**	['mɪsəl]

carregar (uma arma)	**to load** (vt)	[tə ləʊd]
atirar, disparar (vi)	**to shoot** (vi)	[tə ʃuːt]
apontar para ...	**to take aim at ...**	[tə teɪk eɪm ət]
baioneta (f)	**bayonet**	['beɪənɪt]

espada (f)	**rapier**	['reɪpjə(r)]
sabre (m)	**sabre**	['seɪbə(r)]
lança (f)	**spear**	[spɪə(r)]
arco (m)	**bow**	['bəʊ]
flecha (f)	**arrow**	['ærəʊ]
mosquete (m)	**musket**	['mʌskɪt]
besta (f)	**crossbow**	['krɒsbəʊ]

157. Povos da antiguidade

primitivo	**primitive**	['prɪmɪtɪv]
pré-histórico	**prehistoric**	[ˌpriːhɪ'stɒrɪk]
antigo	**ancient**	['eɪnʃənt]

Idade (f) da Pedra	**Stone Age**	[ˌstəʊn 'eɪdʒ]
Idade (f) do Bronze	**Bronze Age**	['brɒnz ˌeɪdʒ]
período (m) glacial	**Ice Age**	['aɪs ˌeɪdʒ]

tribo (f)	**tribe**	[traɪb]
canibal (m)	**cannibal**	['kænɪbəl]
caçador (m)	**hunter**	['hʌntə(r)]
caçar (vi)	**to hunt** (vi, vt)	[tə hʌnt]
mamute (m)	**mammoth**	['mæməθ]

caverna (f)	cave	[keɪv]
fogo (m)	fire	['faɪə(r)]
fogueira (f)	campfire	['kæmp‚faɪə(r)]
pintura (f) rupestre	cave painting	[keɪv 'peɪntɪŋ]

ferramenta (f)	tool	[tu:l]
lança (f)	spear	[spɪə(r)]
machado (m) de pedra	stone axe	[stəʊn æks]
guerrear (vt)	to be at war	[tə bi ət wɔ:]
domesticar (vt)	to domesticate (vt)	[tə də'mestɪkeɪt]

ídolo (m)	idol	['aɪdəl]
adorar, venerar (vt)	to worship (vt)	[tə 'wɜ:ʃɪp]
superstição (f)	superstition	[‚su:pə'stɪʃən]
ritual (m)	rite	[raɪt]

evolução (f)	evolution	[‚i:və'lu:ʃən]
desenvolvimento (m)	development	[dɪ'veləpmənt]
desaparecimento (m)	disappearance	[‚dɪsə'pɪərəns]
adaptar-se (vr)	to adapt oneself	[tə ə'dæpt wʌn'self]

arqueologia (f)	archaeology	[‚ɑ:kɪ'ɒlədʒɪ]
arqueólogo (m)	archaeologist	[‚ɑ:kɪ'ɒlədʒɪst]
arqueológico	archaeological	[‚ɑ:kɪə'lɒdʒɪkəl]

local (m) das escavações	excavation site	[‚ekskə'veɪʃən saɪt]
escavações (f pl)	excavations	[‚ekskə'veɪʃənz]
achado (m)	find	[faɪnd]
fragmento (m)	fragment	['frægmənt]

158. Idade média

povo (m)	people	['pi:pəl]
povos (m pl)	peoples	['pi:pəlz]
tribo (f)	tribe	[traɪb]
tribos (f pl)	tribes	[traɪbz]

bárbaros (m pl)	barbarians	[bɑ:'beərɪənz]
gauleses (m pl)	Gauls	[gɔ:lz]
godos (m pl)	Goths	[gɒθs]
eslavos (m pl)	Slavs	[slɑ:vz]
víquingues (m pl)	Vikings	['vaɪkɪŋz]

| romanos (m pl) | Romans | ['rəʊmənz] |
| romano | Roman | ['rəʊmən] |

bizantinos (m pl)	Byzantines	[bɪ'zæntaɪnz]
Bizâncio	Byzantium	[bɪ'zæntɪəm]
bizantino	Byzantine	[bɪ'zæntaɪn]

imperador (m)	emperor	['empərə(r)]
líder (m)	leader, chief	['li:də], [ʧi:f]
poderoso	powerful	['paʊəfʊl]
rei (m)	king	[kɪŋ]

governante (m)	ruler	['ruːlə(r)]
cavaleiro (m)	knight	[naɪt]
senhor feudal (m)	feudal lord	['fjuːdəl lɔːd]
feudal	feudal	['fjuːdəl]
vassalo (m)	vassal	['væsəl]
duque (m)	duke	[djuːk]
conde (m)	earl	[ɜːl]
barão (m)	baron	['bærən]
bispo (m)	bishop	['bɪʃəp]
armadura (f)	armour	['ɑːmə(r)]
escudo (m)	shield	[ʃiːld]
espada (f)	sword	[sɔːd]
viseira (f)	visor	['vaɪzə(r)]
cota (f) de malha	chainmail	[tʃeɪn meɪl]
cruzada (f)	**Crusade**	[kruː'seɪd]
cruzado (m)	**crusader**	[kruː'seɪdə(r)]
território (m)	**territory**	['terətrɪ]
atacar (vt)	**to attack** (vt)	[tə ə'tæk]
conquistar (vt)	**to conquer** (vt)	[tə 'kɒŋkə(r)]
ocupar, invadir (vt)	**to occupy** (vt)	[tə 'ɒkjʊpaɪ]
assédio, sítio (m)	**siege**	[siːdʒ]
sitiado	**besieged**	[bɪ'siːdʒd]
assediar, sitiar (vt)	**to besiege** (vt)	[tə bɪ'siːdʒ]
inquisição (f)	**inquisition**	[ˌɪnkwɪ'zɪʃən]
inquisidor (m)	**inquisitor**	[ɪn'kwɪzɪtə(r)]
tortura (f)	**torture**	['tɔːtʃə(r)]
cruel	**cruel**	[krʊəl]
herege (m)	**heretic**	['herətɪk]
heresia (f)	**heresy**	['herəsɪ]
navegação (f) marítima	**seafaring**	['siːˌfeərɪŋ]
pirata (m)	**pirate**	['paɪrət]
pirataria (f)	**piracy**	['paɪrəsɪ]
abordagem (f)	**boarding**	['bɔːdɪŋ]
presa (f), butim (m)	**loot**	[luːt]
tesouros (m pl)	**treasures**	['treʒəz]
descobrimento (m)	**discovery**	[dɪ'skʌvərɪ]
descobrir (novas terras)	**to discover** (vt)	[tə dɪ'skʌvə(r)]
expedição (f)	**expedition**	[ˌekspɪ'dɪʃən]
mosqueteiro (m)	**musketeer**	[ˌmʌskɪ'tɪə(r)]
cardeal (m)	**cardinal**	['kɑːdɪnəl]
heráldica (f)	**heraldry**	['herəldrɪ]
heráldico	**heraldic**	[he'rældɪk]

159. Líder. Chefe. Autoridades

rei (m)	**king**	[kɪŋ]
rainha (f)	**queen**	[kwiːn]

real	royal	['rɔɪəl]
reino (m)	kingdom	['kɪŋdəm]

príncipe (m)	prince	[prɪns]
princesa (f)	princess	[prɪn'ses]

presidente (m)	president	['prezɪdənt]
vice-presidente (m)	vice-president	[vaɪs 'prezɪdənt]
senador (m)	senator	['senətə(r)]

monarca (m)	monarch	['mɒnək]
governante (m)	ruler	['ru:lə(r)]
ditador (m)	dictator	[dɪk'teɪtə(r)]
tirano (m)	tyrant	['taɪrənt]
magnata (m)	magnate	['mægneɪt]

diretor (m)	director	[dɪ'rektə(r)]
chefe (m)	chief	[ʧi:f]
dirigente (m)	manager	['mænɪʤə(r)]
patrão (m)	boss	[bɒs]
dono (m)	owner	['əʊnə(r)]

líder, chefe (m)	leader	['li:də(r)]
chefe (~ de delegação)	head	[hed]
autoridades (f pl)	authorities	[ɔ:'θɒrətɪz]
superiores (m pl)	superiors	[su:'pɪərɪərz]

governador (m)	governor	['gʌvənə(r)]
cônsul (m)	consul	['kɒnsəl]
diplomata (m)	diplomat	['dɪpləmæt]
Presidente (m) da Câmara	mayor	[meə(r)]
xerife (m)	sheriff	['ʃerɪf]

imperador (m)	emperor	['empərə(r)]
czar (m)	tsar	[zɑ:(r)]
faraó (m)	pharaoh	['feərəʊ]
cã (m)	khan	[kɑ:n]

160. Viloação da lei. Criminosos. Parte 1

bandido (m)	bandit	['bændɪt]
crime (m)	crime	[kraɪm]
criminoso (m)	criminal	['krɪmɪnəl]

ladrão (m)	thief	[θi:f]
roubar (vt)	to steal (vt)	[tə sti:l]
furto (m)	stealing	['sti:lɪŋ]
furto (m)	theft	[θeft]

raptar (ex. ~ uma criança)	to kidnap (vt)	[tə 'kɪdnæp]
rapto (m)	kidnapping	['kɪdnæpɪŋ]
raptor (m)	kidnapper	['kɪdnæpə(r)]
resgate (m)	ransom	['rænsəm]
pedir resgate	to demand ransom	[tə dɪ'mɑ:nd 'rænsəm]

roubar (vt)	to rob (vt)	[tə rɒb]
assalto, roubo (m)	robbery	['rɒbərɪ]
assaltante (m)	robber	['rɒbə(r)]

extorquir (vt)	to extort (vt)	[tə ɪk'stɔ:t]
extorsionário (m)	extortionist	[ɪk'stɔ:ʃənɪst]
extorsão (f)	extortion	[ɪk'stɔ:ʃən]

matar, assassinar (vt)	to murder (vt)	[tə 'mɜ:də(r)]
homicídio (m)	murder	['mɜ:də(r)]
homicida, assassino (m)	murderer	['mɜ:dərə(r)]

tiro (m)	gunshot	['gʌnʃɒt]
dar um tiro	to fire a shot	[tə ˌfaɪə ə 'ʃɒt]
matar a tiro	to shoot to death	[tə ʃu:t tə deθ]
atirar, disparar (vi)	to shoot (vi)	[tə ʃu:t]
tiroteio (m)	shooting	['ʃu:tɪŋ]

incidente (m)	incident	['ɪnsɪdənt]
briga (~ de rua)	fight, brawl	[faɪt], [brɔ:l]
Socorro!	Help!	[help]
vítima (f)	victim	['vɪktɪm]

danificar (vt)	to damage (vt)	[tə 'dæmɪdʒ]
dano (m)	damage	['dæmɪdʒ]
cadáver (m)	dead body, corpse	[ded 'bɒdɪ], [kɔ:ps]
grave	grave	[greɪv]

atacar (vt)	to attack (vt)	[tə ə'tæk]
bater (espancar)	to beat (vt)	[tə bi:t]
espancar (vt)	to beat ... up	[tə bi:t ... ʌp]
tirar, roubar (dinheiro)	to take (vt)	[tə teɪk]
esfaquear (vt)	to stab to death	[tə stæb tə deθ]
mutilar (vt)	to maim (vt)	[tə meɪm]
ferir (vt)	to wound (vt)	[tə wu:nd]

chantagem (f)	blackmail	['blæk͵meɪl]
chantagear (vt)	to blackmail (vt)	[tə 'blæk͵meɪl]
chantagista (m)	blackmailer	['blæk͵meɪlə(r)]

extorsão (em troca de proteção)	protection racket	[prə'tekʃən 'rækɪt]
extorsionário (m)	racketeer	[͵rækə'tɪə(r)]

gângster (m)	gangster	['gæŋstə(r)]
máfia (f)	mafia	['mæfɪə]

carteirista (m)	pickpocket	['pɪk͵pɒkɪt]
assaltante, ladrão (m)	burglar	['bɜ:glə]

contrabando (m)	smuggling	['smʌglɪŋ]
contrabandista (m)	smuggler	['smʌglə(r)]

falsificação (f)	forgery	['fɔ:dʒərɪ]
falsificar (vt)	to forge (vt)	[tə fɔ:dʒ]
falsificado	fake, forged	[feɪk], [fɔ:dʒd]

161. Viloação da lei. Criminosos. Parte 2

violação (f)	rape	[reɪp]
violar (vt)	to rape (vt)	[tə reɪp]
violador (m)	rapist	['reɪpɪst]
maníaco (m)	maniac	['meɪnɪæk]

prostituta (f)	prostitute	['prɒstɪtjuːt]
prostituição (f)	prostitution	[ˌprɒstɪ'tjuːʃən]
chulo (m)	pimp	[pɪmp]

| toxicodependente (m) | drug addict | ['drʌgˌædɪkt] |
| traficante (m) | drug dealer | ['drʌg ˌdiːlə(r)] |

explodir (vt)	to blow up (vt)	[tə bləʊ ʌp]
explosão (f)	explosion	[ɪk'spləʊʒən]
incendiar (vt)	to set fire	[tə set 'faɪə(r)]
incendiário (m)	arsonist	['ɑːsənɪst]

terrorismo (m)	terrorism	['terərɪzəm]
terrorista (m)	terrorist	['terərɪst]
refém (m)	hostage	['hɒstɪdʒ]

enganar (vt)	to swindle (vt)	[tə 'swɪndəl]
engano (m)	swindle, deception	['swɪndəl], [dɪ'sepʃən]
vigarista (m)	swindler	['swɪndlə(r)]

subornar (vt)	to bribe (vt)	[tə braɪb]
suborno (atividade)	bribery	['braɪbərɪ]
suborno (dinheiro)	bribe	[braɪb]

veneno (m)	poison	['pɔɪzən]
envenenar (vt)	to poison (vt)	[tə 'pɔɪzən]
envenenar-se (vr)	to poison oneself	[tə 'pɔɪzən wʌn'self]

| suicídio (m) | suicide | ['suːɪsaɪd] |
| suicida (m) | suicide | ['suːɪsaɪd] |

ameaçar (vt)	to threaten (vt)	[tə 'θretən]
ameaça (f)	threat	[θret]
atentar contra a vida de ...	to make an attempt	[tə meɪk ən ə'tempt]
atentado (m)	attempt	[ə'tempt]

| roubar (o carro) | to steal (vt) | [tə stiːl] |
| desviar (o avião) | to hijack (vt) | [tə 'haɪdʒæk] |

| vingança (f) | revenge | [rɪ'vendʒ] |
| vingar (vt) | to avenge (vt) | [tə ə'vendʒ] |

torturar (vt)	to torture (vt)	[tə 'tɔːtʃə(r)]
tortura (f)	torture	['tɔːtʃə(r)]
atormentar (vt)	to torment (vt)	[tə tɔː'ment]

| pirata (m) | pirate | ['paɪrət] |
| desordeiro (m) | hooligan | ['huːlɪgən] |

armado	armed	[ɑːmd]
violência (f)	violence	['vaɪələns]
ilegal	illegal	[ɪ'liːgəl]

espionagem (f)	spying, espionage	['spaɪɪŋ], ['espɪəˌnɑːʒ]
espionar (vi)	to spy (vi)	[tə spaɪ]

162. Polícia. Lei. Parte 1

justiça (f)	justice	['dʒʌstɪs]
tribunal (m)	court	[kɔːt]

juiz (m)	judge	[dʒʌdʒ]
jurados (m pl)	jurors	['dʒʊərəz]
tribunal (m) do júri	jury trial	['dʒʊərɪ 'traɪəl]
julgar (vt)	to judge (vt)	[tə dʒʌdʒ]

advogado (m)	lawyer, barrister	['lɔːjə(r)], ['bærɪstə(r)]
réu (m)	defendant	[dɪ'fendənt]
banco (m) dos réus	dock	[dɒk]

acusação (f)	charge	[tʃɑːdʒ]
acusado (m)	accused	[ə'kjuːzd]

sentença (f)	sentence	['sentəns]
sentenciar (vt)	to sentence (vt)	[tə 'sentəns]

punir (vt)	to punish (vt)	[tə 'pʌnɪʃ]
punição (f)	punishment	['pʌnɪʃmənt]

multa (f)	fine	[faɪn]
prisão (f) perpétua	life imprisonment	[laɪf ɪm'prɪzənmənt]
pena (f) de morte	death penalty	['deθ ˌpenəltɪ]
cadeira (f) elétrica	electric chair	[ɪ'lektrɪk 'tʃeə(r)]
forca (f)	gallows	['gæləʊz]

executar (vt)	to execute (vt)	[tə 'eksɪkjuːt]
execução (f)	execution	[ˌeksɪ'kjuːʃən]

prisão (f)	prison	['prɪzən]
cela (f) de prisão	cell	[sel]

escolta (f)	escort	['eskɔːt]
guarda (m) prisional	prison officer	['prɪzən ˌɒfɪsə(r)]
preso (m)	prisoner	['prɪzənə(r)]

algemas (f pl)	handcuffs	['hændkʌfs]
algemar (vt)	to handcuff (vt)	[tə 'hændkʌf]

fuga, evasão (f)	prison break	['prɪzən breɪk]
fugir (vi)	to break out (vi)	[tə breɪk 'aʊt]
desaparecer (vi)	to disappear (vi)	[tə ˌdɪsə'pɪə(r)]
soltar, libertar (vt)	to release (vt)	[tə rɪ'liːs]
amnistia (f)	amnesty	['æmnəstɪ]

polícia (instituição)	police	[pə'li:s]
polícia (m)	police officer	[pə'li:s 'ɒfɪsə(r)]
esquadra (f) de polícia	police station	[pə'li:s 'steɪʃən]
cassetete (m)	truncheon	['trʌntʃən]
megafone (m)	loudhailer	[ˌlaʊd'heɪlə(r)]

carro (m) de patrulha	patrol car	[pə'trəʊl kɑː(r)]
sirene (f)	siren	['saɪərən]
ligar a sirene	to turn on the siren	[tə tɜ:n ˌɒn ðə 'saɪərən]
toque (m) da sirene	siren call	['saɪərən kɔ:l]

cena (f) do crime	crime scene	[kraɪm si:n]
testemunha (f)	witness	['wɪtnɪs]
liberdade (f)	freedom	['fri:dəm]
cúmplice (m)	accomplice	[ə'kʌmplɪs]
traço (não deixar ~s)	trace	[treɪs]

163. Polícia. Lei. Parte 2

procura (f)	search	[sɜ:tʃ]
procurar (vt)	to look for ...	[tə lʊk fɔ:(r)]
suspeita (f)	suspicion	[sə'spɪʃən]
suspeito	suspicious	[sə'spɪʃəs]
parar (vt)	to stop (vt)	[tə stɒp]
deter (vt)	to detain (vt)	[tə dɪ'teɪn]

caso (criminal)	case	[keɪs]
investigação (f)	investigation	[ɪnˌvestɪ'geɪʃən]
detetive (m)	detective	[dɪ'tektɪv]
investigador (m)	investigator	[ɪn'vestɪˌgeɪtə(r)]
versão (f)	hypothesis	[haɪ'pɒθɪsɪs]

motivo (m)	motive	['məʊtɪv]
interrogatório (m)	interrogation	[ɪnˌterə'geɪʃən]
interrogar (vt)	to interrogate (vt)	[tə ɪn'terəgeɪt]
questionar (vt)	to question (vt)	[tə 'kwestʃən]
verificação (f)	check	[tʃek]

batida (f) policial	round-up	[raʊndʌp]
busca (f)	search	[sɜ:tʃ]
perseguição (f)	chase	[tʃeɪs]
perseguir (vt)	to pursue, to chase	[tə pə'sju:], [tə tʃeɪs]
seguir (vt)	to track (vt)	[tə træk]

prisão (f)	arrest	[ə'rest]
prender (vt)	to arrest (vt)	[tə ə'rest]
pegar, capturar (vt)	to catch (vt)	[tə kætʃ]
captura (f)	capture	['kæptʃə(r)]

documento (m)	document	['dɒkjʊmənt]
prova (f)	proof	[pru:f]
provar (vt)	to prove (vt)	[tə pru:v]
pegada (f)	footprint	['fʊtprɪnt]
impressões (f pl) digitais	fingerprints	['fɪŋgəprɪnts]

prova (f)	**piece of evidence**	[piːs ɒf 'evɪdəns]
álibi (m)	**alibi**	['ælɪbaɪ]
inocente	**innocent**	['ɪnəsənt]
injustiça (f)	**injustice**	[ɪn'dʒʌstɪs]
injusto	**unjust, unfair**	[ˌʌn'dʒʌst], [ˌʌn'feə(r)]

criminal	**criminal**	['krɪmɪnəl]
confiscar (vt)	**to confiscate** (vt)	[tə 'kɒnfɪskeɪt]
droga (f)	**drug**	[drʌg]
arma (f)	**weapon, gun**	['wepən], [gʌn]
desarmar (vt)	**to disarm** (vt)	[tə dɪs'ɑːm]
ordenar (vt)	**to order** (vt)	[tə 'ɔːdə(r)]
desaparecer (vi)	**to disappear** (vi)	[tə ˌdɪsə'pɪə(r)]

lei (f)	**law**	[lɔː]
legal	**legal, lawful**	['liːgəl], ['lɔːfʊl]
ilegal	**illegal, illicit**	[ɪ'liːgəl], [ɪ'lɪsɪt]

responsabilidade (f)	**responsibility**	[rɪˌspɒnsə'bɪlɪtɪ]
responsável	**responsible**	[rɪ'spɒnsəbəl]

NATUREZA

A Terra. Parte 1

164. Espaço sideral

cosmos (m)	space	[speɪs]
cósmico	space	[speɪs]
espaço (m) cósmico	outer space	['aʊtə speɪs]
mundo (m)	world	[wɜːld]
universo (m)	universe	['juːnɪvɜːs]
galáxia (f)	galaxy	['gæləksɪ]
estrela (f)	star	[stɑː(r)]
constelação (f)	constellation	[ˌkɒnstə'leɪʃən]
planeta (m)	planet	['plænɪt]
satélite (m)	satellite	['sætəlaɪt]
meteorito (m)	meteorite	['miːtjəraɪt]
cometa (m)	comet	['kɒmɪt]
asteroide (m)	asteroid	['æstərɔɪd]
órbita (f)	orbit	['ɔːbɪt]
girar (vi)	to rotate (vi)	[tə rəʊ'teɪt]
atmosfera (f)	atmosphere	['ætmə,sfɪə(r)]
Sol (m)	the Sun	[sʌn]
Sistema (m) Solar	solar system	['səʊlə 'sɪstəm]
eclipse (m) solar	solar eclipse	['səʊlə ɪ'klɪps]
Terra (f)	the Earth	[ðɪ ɜːθ]
Lua (f)	the Moon	[ðə muːn]
Marte (m)	Mars	[mɑːz]
Vénus (f)	Venus	['viːnəs]
Júpiter (m)	Jupiter	['dʒuːpɪtə(r)]
Saturno (m)	Saturn	['sætən]
Mercúrio (m)	Mercury	['mɜːkjʊrɪ]
Urano (m)	Uranus	['jʊərənəs]
Neptuno (m)	Neptune	['neptjuːn]
Plutão (m)	Pluto	['pluːtəʊ]
Via Láctea (f)	Milky Way	['mɪlkɪ weɪ]
Ursa Maior (f)	Great Bear	[greɪt 'beə(r)]
Estrela Polar (f)	North Star	[nɔːθ stɑː(r)]
marciano (m)	Martian	['mɑːʃən]
extraterrestre (m)	extraterrestrial	[ˌekstrətə'restrɪəl]

alienígena (m)	**alien**	['eɪljən]
disco (m) voador	**flying saucer**	['flaɪɪŋ 'sɔːsə(r)]
nave (f) espacial	**spaceship**	['speɪsʃɪp]
estação (f) orbital	**space station**	[speɪs 'steɪʃən]
lançamento (m)	**blast-off**	[blɑːst ɒf]
motor (m)	**engine**	['endʒɪn]
bocal (m)	**nozzle**	['nɒzəl]
combustível (m)	**fuel**	[fjʊəl]
cabine (f)	**cockpit**	['kɒkpɪt]
antena (f)	**aerial**	['eərɪəl]
vigia (f)	**porthole**	['pɔːθəʊl]
bateria (f) solar	**solar panel**	['səʊlə 'pænəl]
traje (m) espacial	**spacesuit**	['speɪssuːt]
imponderabilidade (f)	**weightlessness**	['weɪtlɪsnɪs]
oxigénio (m)	**oxygen**	['ɒksɪdʒən]
acoplagem (f)	**docking**	['dɒkɪŋ]
fazer uma acoplagem	**to dock** (vi, vt)	[tə dɒk]
observatório (m)	**observatory**	[əb'zɜːvətrɪ]
telescópio (m)	**telescope**	['telɪskəʊp]
observar (vt)	**to observe** (vt)	[tə əb'zɜːv]
explorar (vt)	**to explore** (vt)	[tə ɪk'splɔː(r)]

165. A Terra

Terra (f)	**the Earth**	[ðɪ ɜːθ]
globo terrestre (Terra)	**the globe**	[ðɪ gləʊb]
planeta (m)	**planet**	['plænɪt]
atmosfera (f)	**atmosphere**	['ætməˌsfɪə(r)]
geografia (f)	**geography**	[dʒɪ'ɒgrəfɪ]
natureza (f)	**nature**	['neɪtʃə(r)]
globo (mapa esférico)	**globe**	[gləʊb]
mapa (m)	**map**	[mæp]
atlas (m)	**atlas**	['ætləs]
Europa (f)	**Europe**	['jʊərəp]
Ásia (f)	**Asia**	['eɪʒə]
África (f)	**Africa**	['æfrɪkə]
Austrália (f)	**Australia**	[ɒ'streɪljə]
América (f)	**America**	[ə'merɪkə]
América (f) do Norte	**North America**	[nɔːθ ə'merɪkə]
América (f) do Sul	**South America**	[saʊθ ə'merɪkə]
Antártida (f)	**Antarctica**	[ænt'ɑːktɪkə]
Ártico (m)	**the Arctic**	[ðə 'ɑːktɪk]

166. Pontos cardeais

norte (m)	north	[nɔːθ]
para norte	to the north	[tə ðə nɔːθ]
no norte	in the north	[ɪn ðə nɔːθ]
do norte	northern	['nɔːðən]
sul (m)	south	[saʊθ]
para sul	to the south	[tə ðə saʊθ]
no sul	in the south	[ɪn ðə saʊθ]
do sul	southern	['sʌðən]
oeste, ocidente (m)	west	[west]
para oeste	to the west	[tə ðə west]
no oeste	in the west	[ɪn ðə west]
ocidental	western	['westən]
leste, oriente (m)	east	[iːst]
para leste	to the east	[tə ðɪ iːst]
no leste	in the east	[ɪn ðɪ iːst]
oriental	eastern	['iːstən]

167. Mar. Oceano

mar (m)	sea	[siː]
oceano (m)	ocean	['əʊʃən]
golfo (m)	gulf	[gʌlf]
estreito (m)	straits	[streɪts]
terra (f) firme	land	[lænd]
continente (m)	continent	['kɒntɪnənt]
ilha (f)	island	['aɪlənd]
península (f)	peninsula	[pə'nɪnsjʊlə]
arquipélago (m)	archipelago	[ˌɑːkɪ'pelɪgəʊ]
baía (f)	bay	[beɪ]
porto (m)	harbour	['hɑːbə(r)]
lagoa (f)	lagoon	[lə'guːn]
cabo (m)	cape	[keɪp]
atol (m)	atoll	['ætɒl]
recife (m)	reef	[riːf]
coral (m)	coral	['kɒrəl]
recife (m) de coral	coral reef	['kɒrəl riːf]
profundo	deep	[diːp]
profundidade (f)	depth	[depθ]
abismo (m)	abyss	[ə'bɪs]
fossa (f) oceânica	trench	[trentʃ]
corrente (f)	current	['kʌrənt]
banhar (vt)	to surround (vt)	[tə sə'raʊnd]
litoral (m)	shore	[ʃɔː(r)]

costa (f)	coast	[kəʊst]
maré (f) alta	flow	[fləʊ]
refluxo (m), maré (f) baixa	ebb	[eb]
restinga (f)	shoal	[ʃəʊl]
fundo (m)	bottom	['bɒtəm]

onda (f)	wave	[weɪv]
crista (f) da onda	crest	[krest]
espuma (f)	foam, spume	[fəʊm], [spjuːm]

tempestade (f)	storm	[stɔːm]
furacão (m)	hurricane	['hʌrɪkən]
tsunami (m)	tsunami	[tsuːˈnɑːmɪ]
calmaria (f)	calm	[kɑːm]
calmo	quiet, calm	['kwaɪət], [kɑːm]

| polo (m) | pole | [pəʊl] |
| polar | polar | ['pəʊlə(r)] |

latitude (f)	latitude	['lætɪtjuːd]
longitude (f)	longitude	['lɒndʒɪtjuːd]
paralela (f)	parallel	['pærəlel]
equador (m)	equator	[ɪˈkweɪtə(r)]

céu (m)	sky	[skaɪ]
horizonte (m)	horizon	[həˈraɪzən]
ar (m)	air	[eə]

farol (m)	lighthouse	['laɪthaʊs]
mergulhar (vi)	to dive (vi)	[tə daɪv]
afundar-se (vr)	to sink (vi)	[tə sɪŋk]
tesouros (m pl)	treasures	['treʒəz]

168. Montanhas

montanha (f)	mountain	['maʊntɪn]
cordilheira (f)	mountain range	['maʊntɪn reɪndʒ]
serra (f)	mountain ridge	['maʊntɪn rɪdʒ]

cume (m)	summit, top	['sʌmɪt], [tɒp]
pico (m)	peak	[piːk]
sopé (m)	foot	[fʊt]
declive (m)	slope	[sləʊp]

vulcão (m)	volcano	[vɒlˈkeɪnəʊ]
vulcão (m) ativo	active volcano	['æktɪv vɒlˈkeɪnəʊ]
vulcão (m) extinto	dormant volcano	['dɔːmənt vɒlˈkeɪnəʊ]

erupção (f)	eruption	[ɪˈrʌpʃən]
cratera (f)	crater	['kreɪtə(r)]
magma (m)	magma	['mægmə]
lava (f)	lava	['lɑːvə]
fundido (lava ~a)	molten	['məʊltən]
desfiladeiro (m)	canyon	['kænjən]

garganta (f)	gorge	[gɔːʤ]
fenda (f)	crevice	['krevɪs]
precipício (m)	abyss	[ə'bɪs]

passo, colo (m)	pass, col	[pɑːs], [kɒl]
planalto (m)	plateau	['plætəʊ]
falésia (f)	cliff	[klɪf]
colina (f)	hill	[hɪl]

glaciar (m)	glacier	['glæsjə(r)]
queda (f) d'água	waterfall	['wɔːtəfɔːl]
géiser (m)	geyser	['giːzə(r)]
lago (m)	lake	[leɪk]

planície (f)	plain	[pleɪn]
paisagem (f)	landscape	['lændskeɪp]
eco (m)	echo	['ekəʊ]

alpinista (m)	alpinist	['ælpɪnɪst]
escalador (m)	rock climber	[rɒk 'klaɪmə(r)]
conquistar (vt)	conquer (vt)	['kɒŋkə(r)]
subida, escalada (f)	climb	[klaɪm]

169. Rios

rio (m)	river	['rɪvə(r)]
fonte, nascente (f)	spring	[sprɪŋ]
leito (m) do rio	riverbed	['rɪvəbed]
bacia (f)	basin	['beɪsən]
desaguar no ...	to flow into ...	[tə fləʊ 'ɪntʊ]

| afluente (m) | tributary | ['trɪbjʊtrɪ] |
| margem (do rio) | bank | [bæŋk] |

corrente (f)	current, stream	['kʌrənt], [striːm]
rio abaixo	downstream	['daʊnˌstriːm]
rio acima	upstream	[ˌʌp'striːm]

inundação (f)	inundation	[ˌɪnʌn'deɪʃən]
cheia (f)	flooding	['flʌdɪŋ]
transbordar (vi)	to overflow (vi)	[tə ˌəʊvə'fləʊ]
inundar (vt)	to flood (vt)	[tə flʌd]

| banco (m) de areia | shallow | ['ʃæləʊ] |
| rápidos (m pl) | rapids | ['ræpɪdz] |

barragem (f)	dam	[dæm]
canal (m)	canal	[kə'næl]
reservatório (m) de água	reservoir	['rezəvwɑː(r)]
eclusa (f)	sluice, lock	[sluːs], [lɒk]

corpo (m) de água	water body	['wɔːtə 'bɒdɪ]
pântano (m)	swamp	[swɒmp]
tremedal (m)	bog, marsh	[bɒg], [mɑːʃ]

remoinho (m)	**whirlpool**	['wɜːlpuːl]
arroio, regato (m)	**stream**	[striːm]
potável	**drinking**	['drɪŋkɪŋ]
doce (água)	**fresh**	[freʃ]
gelo (m)	**ice**	[aɪs]
congelar-se (vr)	**to freeze over**	[tə friːz 'əʊvə(r)]

170. Floresta

floresta (f), bosque (m)	**forest, wood**	['fɒrɪst], [wʊd]
florestal	**forest**	['fɒrɪst]
mata (f) cerrada	**thick forest**	[θɪk 'fɒrɪst]
arvoredo (m)	**grove**	[grəʊv]
clareira (f)	**clearing**	['klɪərɪŋ]
matagal (m)	**thicket**	['θɪkɪt]
mato (m)	**scrubland**	['skrʌblænd]
vereda (f)	**footpath**	['fʊtpɑːθ]
ravina (f)	**gully**	['gʌlɪ]
árvore (f)	**tree**	[triː]
folha (f)	**leaf**	[liːf]
folhagem (f)	**leaves**	[liːvz]
queda (f) das folhas	**fall of leaves**	[fɔːl əv liːvz]
cair (vi)	**to fall** (vi)	[tə fɔːl]
topo (m)	**top**	[tɒp]
ramo (m)	**branch**	[brɑːntʃ]
galho (m)	**bough**	[baʊ]
botão, rebento (m)	**bud**	[bʌd]
agulha (f)	**needle**	['niːdəl]
pinha (f)	**fir cone**	[fɜː kəʊn]
buraco (m) de árvore	**tree hollow**	[triː 'hɒləʊ]
ninho (m)	**nest**	[nest]
toca (f)	**burrow, animal hole**	['bʌrəʊ], ['ænɪməl həʊl]
tronco (m)	**trunk**	[trʌŋk]
raiz (f)	**root**	[ruːt]
casca (f) de árvore	**bark**	[bɑːk]
musgo (m)	**moss**	[mɒs]
arrancar pela raiz	**to uproot** (vt)	[tə ˌʌp'ruːt]
cortar (vt)	**to chop down**	[tə tʃɒp daʊn]
desflorestar (vt)	**to deforest** (vt)	[tə ˌdiː'fɒrɪst]
toco, cepo (m)	**tree stump**	[triː stʌmp]
fogueira (f)	**campfire**	['kæmpˌfaɪə(r)]
incêndio (m) florestal	**forest fire**	['fɒrɪst 'faɪə(r)]
apagar (vt)	**to extinguish** (vt)	[tə ɪk'stɪŋgwɪʃ]

guarda-florestal (m)	**forest ranger**	['fɒrɪst 'reɪndʒə]
proteção (f)	**protection**	[prə'tekʃən]
proteger (a natureza)	**to protect** (vt)	[tə prə'tekt]
caçador (m) furtivo	**poacher**	['pəʊtʃə(r)]
armadilha (f)	**steel trap**	[sti:l træp]

colher (cogumelos, bagas)	**to gather, to pick** (vt)	[tə 'gæðə(r)], [tə pɪk]
perder-se (vr)	**to lose one's way**	[tə lu:z wʌnz weɪ]

171. Recursos naturais

recursos (m pl) naturais	**natural resources**	['nætʃərəl rɪ'sɔ:sɪz]
minerais (m pl)	**minerals**	['mɪnərəlz]
depósitos (m pl)	**deposits**	[dɪ'pɒzɪts]
jazida (f)	**field**	[fi:ld]

extrair (vt)	**to mine** (vt)	[tə maɪn]
extração (f)	**mining**	['maɪnɪŋ]
minério (m)	**ore**	[ɔ:(r)]
mina (f)	**mine**	[maɪn]
poço (m) de mina	**shaft**	[ʃɑ:ft]
mineiro (m)	**miner**	['maɪnə(r)]

gás (m)	**gas**	[gæs]
gasoduto (m)	**gas pipeline**	[gæs 'paɪplaɪn]

petróleo (m)	**oil, petroleum**	[ɔɪl], [pɪ'trəʊlɪəm]
oleoduto (m)	**oil pipeline**	[ɔɪl 'paɪplaɪn]
poço (m) de petróleo	**oil well**	[ɔɪl wel]
torre (f) petrolífera	**derrick**	['derɪk]
petroleiro (m)	**tanker**	['tæŋkə(r)]

areia (f)	**sand**	[sænd]
calcário (m)	**limestone**	['laɪmstəʊn]
cascalho (m)	**gravel**	['grævəl]
turfa (f)	**peat**	[pi:t]
argila (f)	**clay**	[kleɪ]
carvão (m)	**coal**	[kəʊl]

ferro (m)	**iron**	['aɪən]
ouro (m)	**gold**	[gəʊld]
prata (f)	**silver**	['sɪlvə(r)]
níquel (m)	**nickel**	['nɪkəl]
cobre (m)	**copper**	['kɒpə(r)]

zinco (m)	**zinc**	[zɪŋk]
manganês (m)	**manganese**	['mæŋgəni:z]
mercúrio (m)	**mercury**	['mɜːkjʊrɪ]
chumbo (m)	**lead**	[led]

mineral (m)	**mineral**	['mɪnərəl]
cristal (m)	**crystal**	['krɪstəl]
mármore (m)	**marble**	['mɑːbəl]
urânio (m)	**uranium**	[jʊ'reɪnjəm]

A Terra. Parte 2

172. Tempo

tempo (m)	**weather**	['weðə(r)]
previsão (f) do tempo	**weather forecast**	['weðə 'fɔːkɑːst]
temperatura (f)	**temperature**	['temprətʃə(r)]
termómetro (m)	**thermometer**	[θə'mɒmɪtə(r)]
barómetro (m)	**barometer**	[bə'rɒmɪtə(r)]
húmido	**humid**	['hjuːmɪd]
humidade (f)	**humidity**	[hjuː'mɪdətɪ]
calor (m)	**heat**	[hiːt]
cálido	**hot**	[hɒt]
está muito calor	**it's hot**	[ɪts hɒt]
está calor	**it's warm**	[ɪts wɔːm]
quente	**warm**	[wɔːm]
está frio	**it's cold**	[ɪts kəʊld]
frio	**cold**	[kəʊld]
sol (m)	**sun**	[sʌn]
brilhar (vi)	**to shine** (vi)	[tə ʃaɪn]
de sol, ensolarado	**sunny**	['sʌnɪ]
nascer (vi)	**to come up** (vi)	[tə kʌm ʌp]
pôr-se (vr)	**to set** (vi)	[tə set]
nuvem (f)	**cloud**	[klaʊd]
nublado	**cloudy**	['klaʊdɪ]
nuvem (f) preta	**rain cloud**	[reɪn klaʊd]
escuro, cinzento	**sombre**	['sɒmbə(r)]
chuva (f)	**rain**	[reɪn]
está a chover	**it's raining**	[,ɪt ɪz 'reɪnɪŋ]
chuvoso	**rainy**	['reɪnɪ]
chuviscar (vi)	**to drizzle** (vi)	[tə 'drɪzəl]
chuva (f) torrencial	**pouring rain**	['pɔːrɪŋ reɪn]
chuvada (f)	**downpour**	['daʊnpɔː(r)]
forte (chuva)	**heavy**	['hevɪ]
poça (f)	**puddle**	['pʌdəl]
molhar-se (vr)	**to get wet**	[tə get wet]
nevoeiro (m)	**fog, mist**	[fɒg], [mɪst]
de nevoeiro	**foggy**	['fɒgɪ]
neve (f)	**snow**	[snəʊ]
está a nevar	**it's snowing**	[ɪts snəʊɪŋ]

173. Tempo extremo. Catástrofes naturais

trovoada (f)	thunderstorm	['θʌndəstɔːm]
relâmpago (m)	lightning	['laɪtnɪŋ]
relampejar (vi)	to flash (vi)	[tə flæʃ]
trovão (m)	thunder	['θʌndə(r)]
trovejar (vi)	to thunder (vi)	[tə 'θʌndə(r)]
está a trovejar	it's thundering	[ɪts 'θʌndərɪŋ]
granizo (m)	hail	[heɪl]
está a cair granizo	it's hailing	[ɪts heɪlɪŋ]
inundar (vt)	to flood (vt)	[tə flʌd]
inundação (f)	flood	[flʌd]
terremoto (m)	earthquake	['ɜːθkweɪk]
abalo, tremor (m)	tremor, shock	['tremə(r)], [ʃɒk]
epicentro (m)	epicentre	['epɪsentə(r)]
erupção (f)	eruption	[ɪ'rʌpʃən]
lava (f)	lava	['lɑːvə]
turbilhão (m)	twister	['twɪstə(r)]
tornado (m)	tornado	[tɔː'neɪdəʊ]
tufão (m)	typhoon	[taɪ'fuːn]
furacão (m)	hurricane	['hʌrɪkən]
tempestade (f)	storm	[stɔːm]
tsunami (m)	tsunami	[tsuː'nɑːmɪ]
ciclone (m)	cyclone	['saɪkləʊn]
mau tempo (m)	bad weather	[bæd 'weðə(r)]
incêndio (m)	fire	['faɪə(r)]
catástrofe (f)	disaster	[dɪ'zɑːstə(r)]
meteorito (m)	meteorite	['miːtjəraɪt]
avalanche (f)	avalanche	['ævəlɑːnʃ]
deslizamento (m) de neve	snowslide	['snəʊslaɪd]
nevasca (f)	blizzard	['blɪzəd]
tempestade (f) de neve	snowstorm	['snəʊstɔːm]

Fauna

174. Mamíferos. Predadores

predador (m)	**predator**	['predətə(r)]
tigre (m)	**tiger**	['taɪgə(r)]
leão (m)	**lion**	['laɪən]
lobo (m)	**wolf**	[wʊlf]
raposa (f)	**fox**	[fɒks]
jaguar (m)	**jaguar**	['dʒægjʊə(r)]
leopardo (m)	**leopard**	['lepəd]
chita (f)	**cheetah**	['ʧiːtə]
pantera (f)	**black panther**	[blæk 'pænθə(r)]
puma (m)	**puma**	['pjuːmə]
leopardo-das-neves (m)	**snow leopard**	[snəʊ 'lepəd]
lince (m)	**lynx**	[lɪnks]
coiote (m)	**coyote**	[kɔɪ'əʊtɪ]
chacal (m)	**jackal**	['dʒækəl]
hiena (f)	**hyena**	[haɪ'iːnə]

175. Animais selvagens

animal (m)	**animal**	['ænɪməl]
besta (f)	**beast**	[biːst]
esquilo (m)	**squirrel**	['skwɪrəl]
ouriço (m)	**hedgehog**	['hedʒhɒg]
lebre (f)	**hare**	[heə(r)]
coelho (m)	**rabbit**	['ræbɪt]
texugo (m)	**badger**	['bædʒə(r)]
guaxinim (m)	**raccoon**	[rə'kuːn]
hamster (m)	**hamster**	['hæmstə(r)]
marmota (f)	**marmot**	['mɑːmət]
toupeira (f)	**mole**	[məʊl]
rato (m)	**mouse**	[maʊs]
ratazana (f)	**rat**	[ræt]
morcego (m)	**bat**	[bæt]
arminho (m)	**ermine**	['ɜːmɪn]
zibelina (f)	**sable**	['seɪbəl]
marta (f)	**marten**	['mɑːtɪn]
doninha (f)	**weasel**	['wiːzəl]
vison (m)	**mink**	[mɪŋk]

| castor (m) | beaver | ['biːvə(r)] |
| lontra (f) | otter | ['ɒtə(r)] |

cavalo (m)	horse	[hɔːs]
alce (m)	moose	[muːs]
veado (m)	deer	[dɪə(r)]
camelo (m)	camel	['kæməl]

bisão (m)	bison	['baɪsən]
auroque (m)	wisent	['wiːzənt]
búfalo (m)	buffalo	['bʌfələʊ]

zebra (f)	zebra	['zebrə]
antílope (m)	antelope	['æntɪləʊp]
corça (f)	roe deer	[rəʊ dɪə(r)]
gamo (m)	fallow deer	['fæləʊ dɪə(r)]
camurça (f)	chamois	['ʃæmwɑː]
javali (m)	wild boar	[ˌwaɪld 'bɔː(r)]

baleia (f)	whale	[weɪl]
foca (f)	seal	[siːl]
morsa (f)	walrus	['wɔːlrəs]
urso-marinho (m)	fur seal	['fɜːˌsiːl]
golfinho (m)	dolphin	['dɒlfɪn]

urso (m)	bear	[beə]
urso (m) branco	polar bear	['pəʊlə ˌbeə(r)]
panda (m)	panda	['pændə]

macaco (em geral)	monkey	['mʌŋkɪ]
chimpanzé (m)	chimpanzee	[ˌʧɪmpæn'ziː]
orangotango (m)	orangutan	[ɒˌræŋuː'tæn]
gorila (m)	gorilla	[gə'rɪlə]
macaco (m)	macaque	[mə'kɑːk]
gibão (m)	gibbon	['gɪbən]

elefante (m)	elephant	['elɪfənt]
rinoceronte (m)	rhinoceros	[raɪ'nɒsərəs]
girafa (f)	giraffe	[dʒɪ'rɑːf]
hipopótamo (m)	hippopotamus	[ˌhɪpə'pɒtəməs]

| canguru (m) | kangaroo | [ˌkæŋgə'ruː] |
| coala (m) | koala | [kəʊ'ɑːlə] |

mangusto (m)	mongoose	['mɒŋguːs]
chinchila (m)	chinchilla	[ˌʧɪn'ʧɪlə]
doninha-fedorenta (f)	skunk	[skʌŋk]
porco-espinho (m)	porcupine	['pɔːkjʊpaɪn]

176. Animais domésticos

gata (f)	cat	[kæt]
gato (m) macho	tomcat	['tɒmkæt]
cão (m)	dog	[dɒg]

cavalo (m)	horse	[hɔːs]
garanhão (m)	stallion	['stælɪən]
égua (f)	mare	[meə(r)]

vaca (f)	cow	[kaʊ]
touro (m)	bull	[bʊl]
boi (m)	ox	[ɒks]

ovelha (f)	sheep	[ʃiːp]
carneiro (m)	ram	[ræm]
cabra (f)	goat	[ɡəʊt]
bode (m)	he-goat	['hiː-ɡəʊt]

| burro (m) | donkey | ['dɒŋkɪ] |
| mula (f) | mule | [mjuːl] |

porco (m)	pig	[pɪɡ]
leitão (m)	piglet	['pɪɡlɪt]
coelho (m)	rabbit	['ræbɪt]

| galinha (f) | hen | [hen] |
| galo (m) | cock | [kɒk] |

pata (f)	duck	[dʌk]
pato (macho)	drake	[dreɪk]
ganso (m)	goose	[ɡuːs]

| peru (m) | tom turkey, gobbler | [tɒm 'tɜːkɪ], ['ɡɒblə(r)] |
| perua (f) | turkey | ['tɜːkɪ] |

animais (m pl) domésticos	domestic animals	[də'mestɪk 'ænɪməlz]
domesticado	tame	[teɪm]
domesticar (vt)	to tame (vt)	[tə teɪm]
criar (vt)	to breed (vt)	[tə briːd]

quinta (f)	farm	[fɑːm]
aves (f pl) domésticas	poultry	['pəʊltrɪ]
gado (m)	cattle	['kætəl]
rebanho (m), manada (f)	herd	[hɜːd]

estábulo (m)	stable	['steɪbəl]
pocilga (f)	pigsty	['pɪɡstaɪ]
estábulo (m)	cowshed	['kaʊʃed]
coelheira (f)	rabbit hutch	['ræbɪt ˌhʌtʃ]
galinheiro (m)	hen house	['henˌhaʊs]

177. Cães. Raças de cães

cão (m)	dog	[dɒɡ]
cão pastor (m)	sheepdog	['ʃiːpdɒɡ]
pastor-alemão (m)	German shepherd	['dʒɜːmən 'ʃepəd]
caniche (m)	poodle	['puːdəl]
teckel (m)	dachshund	['dækshʊnd]
buldogue (m)	bulldog	['bʊldɒɡ]

boxer (m)	boxer	['bɒksə(r)]
mastim (m)	mastiff	['mæstɪf]
rottweiler (m)	Rottweiler	['rɒtˌvaɪlə(r)]
dobermann (m)	Doberman	['dəʊbəmən]

basset (m)	basset	['bæsɪt]
pastor inglês (m)	bobtail	['bɒbteɪl]
dálmata (m)	Dalmatian	[dæl'meɪʃən]
cocker spaniel (m)	cocker spaniel	['kɒkə 'spænjəl]

terra-nova (m)	Newfoundland	['nju:fəndlənd]
são-bernardo (m)	Saint Bernard	[seɪnt 'bɜ:nəd]

husky (m)	husky	['hʌskɪ]
Chow-chow (m)	Chow Chow	[ʧaʊ-ʧaʊ]
spitz alemão (m)	spitz	[spɪts]
carlindogue (m)	pug	[pʌg]

178. Sons produzidos pelos animais

latido (m)	barking	['bɑ:kɪŋ]
latir (vi)	to bark (vi)	[tə bɑ:k]
miar (vi)	to miaow (vi)	[tə mi:'aʊ]
ronronar (vi)	to purr (vi)	[tə pɜ:(r)]

mugir (vaca)	to moo (vi)	[tə mu:]
bramir (touro)	to bellow (vi)	[tə 'beləʊ]
rosnar (vi)	to growl (vi)	[tə graʊl]

uivo (m)	howl	[haʊl]
uivar (vi)	to howl (vi)	[tə haʊl]
ganir (vi)	to whine (vi)	[tə waɪn]

balir (vi)	to bleat (vi)	[tə bli:t]
grunhir (porco)	to grunt (vi)	[tə grʌnt]
guinchar (vi)	to squeal (vi)	[tə skwi:l]

coaxar (sapo)	to croak (vi)	[tə krəʊk]
zumbir (inseto)	to buzz (vi)	[tə bʌz]
estridular, ziziar (vi)	to chirp (vi)	[tə ʧɜ:p]

179. Pássaros

pássaro (m), ave (f)	bird	[bɜ:d]
pombo (m)	pigeon	['pɪʤɪn]
pardal (m)	sparrow	['spærəʊ]
chapim-real (m)	tit	[tɪt]
pega-rabuda (f)	magpie	['mægpaɪ]

corvo (m)	raven	['reɪvən]
gralha (f) cinzenta	crow	[krəʊ]
gralha-de-nuca-cinzenta (f)	jackdaw	['ʤækdɔ:]

gralha-calva (f)	**rook**	[rʊk]
pato (m)	**duck**	[dʌk]
ganso (m)	**goose**	[guːs]
faisão (m)	**pheasant**	['fezənt]
águia (f)	**eagle**	['iːgəl]
açor (m)	**hawk**	[hɔːk]
falcão (m)	**falcon**	['fɔːlkən]
abutre (m)	**vulture**	['vʌltʃə]
condor (m)	**condor**	['kɒndɔː(r)]
cisne (m)	**swan**	[swɒn]
grou (m)	**crane**	[kreɪn]
cegonha (f)	**stork**	[stɔːk]
papagaio (m)	**parrot**	['pærət]
beija-flor (m)	**hummingbird**	['hʌmɪŋˌbɜːd]
pavão (m)	**peacock**	['piːkɒk]
avestruz (m)	**ostrich**	['ɒstrɪtʃ]
garça (f)	**heron**	['herən]
flamingo (m)	**flamingo**	[fləˈmɪŋgəʊ]
pelicano (m)	**pelican**	['pelɪkən]
rouxinol (m)	**nightingale**	['naɪtɪŋgeɪl]
andorinha (f)	**swallow**	['swɒləʊ]
tordo-zornal (m)	**thrush**	[θrʌʃ]
tordo-músico (m)	**song thrush**	[sɒŋ θrʌʃ]
melro-preto (m)	**blackbird**	['blækˌbɜːd]
andorinhão (m)	**swift**	[swɪft]
cotovia (f)	**lark**	[lɑːk]
codorna (f)	**quail**	[kweɪl]
pica-pau (m)	**woodpecker**	['wʊdˌpekə(r)]
cuco (m)	**cuckoo**	['kʊkuː]
coruja (f)	**owl**	[aʊl]
corujão, bufo (m)	**eagle owl**	['iːgəl aʊl]
tetraz-grande (m)	**wood grouse**	[wʊd graʊs]
tetraz-lira (m)	**black grouse**	[blæk graʊs]
perdiz-cinzenta (f)	**partridge**	['pɑːtrɪdʒ]
estorninho (m)	**starling**	['stɑːlɪŋ]
canário (m)	**canary**	[kəˈneərɪ]
galinha-do-mato (f)	**hazel grouse**	['heɪzəl graʊs]
tentilhão (m)	**chaffinch**	['tʃæfɪntʃ]
dom-fafe (m)	**bullfinch**	['bʊlfɪntʃ]
gaivota (f)	**seagull**	['siːgʌl]
albatroz (m)	**albatross**	['ælbətrɒs]
pinguim (m)	**penguin**	['peŋgwɪn]

180. Pássaros. Canto e sons

cantar (vi)	to sing (vi)	[tə sɪŋ]
gritar (vi)	to call (vi)	[tə kɔːl]
cantar (o galo)	to crow (vi)	[tə krəʊ]
cocorocó (m)	cock-a-doodle-doo	[ˌkɒkəduːdəlˈduː]
cacarejar (vi)	to cluck (vi)	[tə klʌk]
crocitar (vi)	to caw (vi)	[tə kɔː]
grasnar (vi)	to quack (vi)	[tə kwæk]
piar (vi)	to cheep (vi)	[tə ʧiːp]
chilrear, gorjear (vi)	to chirp, to twitter	[tə ʧɜːp], [tə ˈtwɪtə(r)]

181. Peixes. Animais marinhos

brema (f)	bream	[briːm]
carpa (f)	carp	[kɑːp]
perca (f)	perch	[pɜːʧ]
siluro (m)	catfish	[ˈkætfɪʃ]
lúcio (m)	pike	[paɪk]
salmão (m)	salmon	[ˈsæmən]
esturjão (m)	sturgeon	[ˈstɜːdʒən]
arenque (m)	herring	[ˈherɪŋ]
salmão (m)	Atlantic salmon	[ətˈlæntɪk ˈsæmən]
cavala, sarda (f)	mackerel	[ˈmækərəl]
solha (f)	flatfish	[ˈflætfɪʃ]
lúcio perca (m)	pike perch	[paɪk pɜːʧ]
bacalhau (m)	cod	[kɒd]
atum (m)	tuna	[ˈtjuːnə]
truta (f)	trout	[traʊt]
enguia (f)	eel	[iːl]
raia elétrica (f)	electric ray	[ɪˈlektrɪk reɪ]
moreia (f)	moray eel	[ˈmɒreɪ iːl]
piranha (f)	piranha	[pɪˈrɑːnə]
tubarão (m)	shark	[ʃɑːk]
golfinho (m)	dolphin	[ˈdɒlfɪn]
baleia (f)	whale	[weɪl]
caranguejo (m)	crab	[kræb]
medusa, alforreca (f)	jellyfish	[ˈdʒelɪfɪʃ]
polvo (m)	octopus	[ˈɒktəpəs]
estrela-do-mar (f)	starfish	[ˈstɑːfɪʃ]
ouriço-do-mar (m)	sea urchin	[siː ˈɜːʧɪn]
cavalo-marinho (m)	seahorse	[ˈsiːhɔːs]
ostra (f)	oyster	[ˈɔɪstə(r)]
camarão (m)	prawn	[prɔːn]

| lavagante (m) | lobster | ['lɒbstə(r)] |
| lagosta (f) | spiny lobster | ['spaɪnɪ 'lɒbstə(r)] |

182. Amfíbios. Répteis

| serpente, cobra (f) | snake | [sneɪk] |
| venenoso | venomous | ['venəməs] |

víbora (f)	viper	['vaɪpə(r)]
cobra-capelo, naja (f)	cobra	['kəʊbrə]
pitão (m)	python	['paɪθən]
jiboia (f)	boa	['bəʊə]

cobra-de-água (f)	grass snake	['grɑːsˌsneɪk]
cascavel (f)	rattle snake	['rætəl sneɪk]
anaconda (f)	anaconda	[ænə'kɒndə]

lagarto (m)	lizard	['lɪzəd]
iguana (f)	iguana	[ɪ'gwɑːnə]
varano (m)	monitor lizard	['mɒnɪtə 'lɪzəd]
salamandra (f)	salamander	['sæləˌmændə(r)]
camaleão (m)	chameleon	[kə'miːlɪən]
escorpião (m)	scorpion	['skɔːpɪən]

tartaruga (f)	turtle, tortoise	['tɜːtəl], ['tɔːtəs]
rã (f)	frog	[frɒg]
sapo (m)	toad	[təʊd]
crocodilo (m)	crocodile	['krɒkədaɪl]

183. Insetos

inseto (m)	insect	['ɪnsekt]
borboleta (f)	butterfly	['bʌtəflaɪ]
formiga (f)	ant	[ænt]
mosca (f)	fly	[flaɪ]
mosquito (m)	mosquito	[mə'skiːtəʊ]
escaravelho (m)	beetle	['biːtəl]

vespa (f)	wasp	[wɒsp]
abelha (f)	bee	[biː]
mamangava (f)	bumblebee	['bʌmbəlbiː]
moscardo (m)	gadfly	['gædflaɪ]

| aranha (f) | spider | ['spaɪdə(r)] |
| teia (f) de aranha | spider's web | ['spaɪdəz web] |

libélula (f)	dragonfly	['drægənflaɪ]
gafanhoto-do-campo (m)	grasshopper	['grɑːsˌhɒpə(r)]
traça (f)	moth	[mɒθ]

| barata (f) | cockroach | ['kɒkrəʊtʃ] |
| carraça (f) | tick | [tɪk] |

| pulga (f) | flea | [fli:] |
| borrachudo (m) | midge | [mɪʤ] |

gafanhoto (m)	locust	['ləʊkəst]
caracol (m)	snail	[sneɪl]
grilo (m)	cricket	['krɪkɪt]
pirilampo (m)	firefly	['faɪəflaɪ]
joaninha (f)	ladybird	['leɪdɪbɜːd]
besouro (m)	cockchafer	['kɒkˌʧeɪfə(r)]

sanguessuga (f)	leech	[li:ʧ]
lagarta (f)	caterpillar	['kætəpɪlə(r)]
minhoca (f)	earthworm	['ɜːθwɜːm]
larva (f)	larva	['lɑːvə]

184. Animais. Partes do corpo

bico (m)	beak	[bi:k]
asas (f pl)	wings	[wɪŋz]
pata (f)	foot	[fʊt]
plumagem (f)	feathers	['feðəz]
pena, pluma (f)	feather	['feðə(r)]
crista (f)	crest	[krest]

brânquias, guelras (f pl)	gills	[ʤɪls]
ovas (f pl)	spawn	[spɔ:n]
larva (f)	larva	['lɑːvə]
barbatana (f)	fin	[fɪn]
escama (f)	scales	[skeɪlz]

canino (m)	fang	[fæŋ]
pata (f)	paw	[pɔ:]
focinho (m)	muzzle	['mʌzəl]
boca (f)	maw	[mɔ:]
cauda (f), rabo (m)	tail	[teɪl]
bigodes (m pl)	whiskers	['wɪskəz]

| casco (m) | hoof | [hu:f] |
| corno (m) | horn | [hɔ:n] |

carapaça (f)	carapace	['kærəpeɪs]
concha (f)	shell	[ʃel]
casca (f) de ovo	shell	[ʃel]

| pelo (m) | hair | [heə(r)] |
| pele (f), couro (m) | pelt | [pelt] |

185. Animais. Habitats

hábitat	habitat	['hæbɪtæt]
migração (f)	migration	[maɪ'greɪʃən]
montanha (f)	mountain	['maʊntɪn]

| recife (m) | reef | [riːf] |
| falésia (f) | cliff | [klɪf] |

floresta (f)	forest	['fɒrɪst]
selva (f)	jungle	['dʒʌŋgəl]
savana (f)	savanna	[sə'vænə]
tundra (f)	tundra	['tʌndrə]

estepe (f)	steppe	[step]
deserto (m)	desert	['dezət]
oásis (m)	oasis	[əʊ'eɪsɪs]

mar (m)	sea	[siː]
lago (m)	lake	[leɪk]
oceano (m)	ocean	['əʊʃən]

pântano (m)	swamp	[swɒmp]
de água doce	freshwater	['freʃwɔːtə(r)]
lagoa (f)	pond	[pɒnd]
rio (m)	river	['rɪvə(r)]

toca (f) do urso	den	[den]
ninho (m)	nest	[nest]
buraco (m) de árvore	tree hollow	[triː 'hɒləʊ]
toca (f)	burrow	['bʌrəʊ]
formigueiro (m)	anthill	['ænthɪl]

Flora

186. Árvores

árvore (f)	tree	[tri:]
decídua	deciduous	[dɪ'sɪdjʊəs]
conífera	coniferous	[kə'nɪfərəs]
perene	evergreen	['evəgri:n]

macieira (f)	apple tree	['æpəl ˌtri:]
pereira (f)	pear tree	['peə ˌtri:]
cerejeira (f)	sweet cherry tree	[swi:t 'ʧerɪ tri:]
ginjeira (f)	sour cherry tree	['saʊə 'ʧerɪ tri:]
ameixeira (f)	plum tree	['plʌm tri:]

bétula (f)	birch	[bɜ:ʧ]
carvalho (m)	oak	[əʊk]
tília (f)	linden tree	['lɪndən tri:]
choupo-tremedor (m)	aspen	['æspən]
bordo (m)	maple	['meɪpəl]
espruce-europeu (m)	spruce	[spru:s]
pinheiro (m)	pine	[paɪn]
alerce, lariço (m)	larch	[lɑ:ʧ]
abeto (m)	fir	[fɜ:(r)]
cedro (m)	cedar	['si:də(r)]

choupo, álamo (m)	poplar	['pɒplə(r)]
tramazeira (f)	rowan	['rəʊən]
salgueiro (m)	willow	['wɪləʊ]
amieiro (m)	alder	['ɔ:ldə(r)]
faia (f)	beech	[bi:ʧ]
ulmeiro (m)	elm	[elm]
freixo (m)	ash	[æʃ]
castanheiro (m)	chestnut	['ʧesnʌt]

magnólia (f)	magnolia	[mæg'nəʊlɪə]
palmeira (f)	palm tree	[pɑ:m tri:]
cipreste (m)	cypress	['saɪprəs]

mangue (m)	mangrove	['mæŋgrəʊv]
embondeiro, baobá (m)	baobab	['beɪəʊˌbæb]
eucalipto (m)	eucalyptus	[ˌju:kə'lɪptəs]
sequoia (f)	sequoia	[sɪ'kwɔɪə]

187. Arbustos

arbusto (m)	bush	[bʊʃ]
arbusto (m), moita (f)	shrub	[ʃrʌb]

| videira (f) | grapevine | ['greɪpvaɪn] |
| vinhedo (m) | vineyard | ['vɪnjəd] |

framboeseira (f)	raspberry bush	['rɑːzbərɪ bʊʃ]
groselheira-vermelha (f)	redcurrant bush	['redkʌrənt bʊʃ]
groselheira (f) espinhosa	gooseberry bush	['gʊzbərɪ ˌbʊʃ]

acácia (f)	acacia	[ə'keɪʃə]
bérberis (f)	barberry	['bɑːbərɪ]
jasmim (m)	jasmine	['dʒæzmɪn]

junípero (m)	juniper	['dʒuːnɪpə(r)]
roseira (f)	rosebush	['rəʊzbʊʃ]
roseira (f) brava	dog rose	['dɒg ˌrəʊz]

188. Cogumelos

cogumelo (m)	mushroom	['mʌʃrʊm]
cogumelo (m) comestível	edible mushroom	['edɪbəl 'mʌʃrʊm]
cogumelo (m) venenoso	poisonous mushroom	['pɔɪzənəs 'mʌʃrʊm]
chapéu (m)	cap	[kæp]
pé, caule (m)	stipe	[staɪp]

boleto (m)	cep, penny bun	[sep], ['penɪ bʌn]
boleto (m) alaranjado	orange-cap boletus	['ɒrɪndʒ kæp bə'liːtəs]
míscaro (m) das bétulas	birch bolete	[bɜːʧ bə'liːtə]
cantarela (f)	chanterelle	[ʃɒntə'rel]
rússula (f)	russula	['rʌsjʊlə]

morchella (f)	morel	[mə'rel]
agário-das-moscas (m)	fly agaric	[flaɪ 'ægərɪk]
cicuta (f) verde	death cap	['deθ ˌkæp]

189. Frutos. Bagas

fruta (f)	fruit	[fruːt]
frutas (f pl)	fruits	[fruːts]
maçã (f)	apple	['æpəl]
pera (f)	pear	[peə(r)]
ameixa (f)	plum	[plʌm]

morango (m)	strawberry	['strɔːbərɪ]
ginja (f)	sour cherry	['saʊə 'ʧerɪ]
cereja (f)	sweet cherry	[swiːt 'ʧerɪ]
uva (f)	grape	[greɪp]

framboesa (f)	raspberry	['rɑːzbərɪ]
groselha (f) preta	blackcurrant	[ˌblæk'kʌrənt]
groselha (f) vermelha	redcurrant	['redkʌrənt]
groselha (f) espinhosa	gooseberry	['gʊzbərɪ]
oxicoco (m)	cranberry	['krænbərɪ]
laranja (f)	orange	['ɒrɪndʒ]

tangerina (f)	tangerine	[ˌtændʒəˈriːn]
ananás (m)	pineapple	[ˈpaɪnˌæpəl]
banana (f)	banana	[bəˈnɑːnə]
tâmara (f)	date	[deɪt]

limão (m)	lemon	[ˈlemən]
damasco (m)	apricot	[ˈeɪprɪkɒt]
pêssego (m)	peach	[piːtʃ]
kiwi (m)	kiwi	[ˈkiːwiː]
toranja (f)	grapefruit	[ˈgreɪpfruːt]

baga (f)	berry	[ˈberɪ]
bagas (f pl)	berries	[ˈberɪːz]
arando (m) vermelho	cowberry	[ˈkaʊberɪ]
morango-silvestre (m)	wild strawberry	[ˈwaɪld ˈstrɔːberɪ]
mirtilo (m)	bilberry	[ˈbɪlberɪ]

190. Flores. Plantas

| flor (f) | flower | [ˈflaʊə(r)] |
| ramo (m) de flores | bouquet | [bʊˈkeɪ] |

rosa (f)	rose	[rəʊz]
tulipa (f)	tulip	[ˈtjuːlɪp]
cravo (m)	carnation	[kɑːˈneɪʃən]
gladíolo (m)	gladiolus	[ˌglædɪˈəʊləs]

centáurea (f)	cornflower	[ˈkɔːnflaʊə(r)]
campânula (f)	harebell	[ˈheəbel]
dente-de-leão (m)	dandelion	[ˈdændɪlaɪən]
camomila (f)	camomile	[ˈkæməmaɪl]

aloé (m)	aloe	[ˈæləʊ]
cato (m)	cactus	[ˈkæktəs]
fícus (m)	rubber plant, ficus	[ˈrʌbə plɑːnt], [ˈfaɪkəs]

lírio (m)	lily	[ˈlɪlɪ]
gerânio (m)	geranium	[dʒɪˈreɪnjəm]
jacinto (m)	hyacinth	[ˈhaɪəsɪnθ]

mimosa (f)	mimosa	[mɪˈməʊzə]
narciso (m)	narcissus	[nɑːˈsɪsəs]
capuchinha (f)	nasturtium	[nəsˈtɜːʃəm]

orquídea (f)	orchid	[ˈɔːkɪd]
peónia (f)	peony	[ˈpiːənɪ]
violeta (f)	violet	[ˈvaɪələt]

amor-perfeito (m)	pansy	[ˈpænzɪ]
não-me-esqueças (m)	forget-me-not	[fəˈget mi ˌnɒt]
margarida (f)	daisy	[ˈdeɪzɪ]

| papoula (f) | poppy | [ˈpɒpɪ] |
| cânhamo (m) | hemp | [hemp] |

hortelã (f)	mint	[mɪnt]
lírio-do-vale (m)	lily of the valley	['lɪlɪ əv ðə 'vælɪ]
campânula-branca (f)	snowdrop	['snəʊdrɒp]

urtiga (f)	nettle	['netəl]
azeda (f)	sorrel	['sɒrəl]
nenúfar (m)	water lily	['wɔːtə 'lɪlɪ]
feto (m), samambaia (f)	fern	[fɜːn]
líquen (m)	lichen	['laɪkən]

estufa (f)	conservatory	[kən'sɜːvətrɪ]
relvado (m)	lawn	[lɔːn]
canteiro (m) de flores	flowerbed	['flaʊəbed]

planta (f)	plant	[plɑːnt]
erva (f)	grass	[grɑːs]
folha (f) de erva	blade of grass	[bleɪd əv grɑːs]

folha (f)	leaf	[liːf]
pétala (f)	petal	['petəl]
talo (m)	stem	[stem]
tubérculo (m)	tuber	['tjuːbə(r)]

| broto, rebento (m) | young plant | [jʌŋ plɑːnt] |
| espinho (m) | thorn | [θɔːn] |

florescer (vi)	to blossom (vi)	[tə 'blɒsəm]
murchar (vi)	to fade (vi)	[tə feɪd]
cheiro (m)	smell	[smel]
cortar (flores)	to cut (vt)	[tə kʌt]
colher (uma flor)	to pick (vt)	[tə pɪk]

191. Cereais, grãos

grão (m)	grain	[greɪn]
cereais (plantas)	cereal crops	['sɪərɪəl krɒps]
espiga (f)	ear	[ɪə(r)]

trigo (m)	wheat	[wiːt]
centeio (m)	rye	[raɪ]
aveia (f)	oats	[əʊts]

| milho-miúdo (m) | millet | ['mɪlɪt] |
| cevada (f) | barley | ['bɑːlɪ] |

milho (m)	maize	[meɪz]
arroz (m)	rice	[raɪs]
trigo-sarraceno (m)	buckwheat	['bʌkwiːt]

ervilha (f)	pea	[piː]
feijão (m)	kidney bean	['kɪdnɪ biːn]
soja (f)	soya	['sɔɪə]
lentilha (f)	lentil	['lentɪl]
fava (f)	beans	[biːnz]

GEOGRAFIA REGIONAL

Países. Nacionalidades

192. Política. Governo. Parte 1

política (f)	politics	['pɒlətɪks]
político	political	[pə'lɪtɪkəl]
político (m)	politician	[ˌpɒlɪ'tɪʃən]
estado (m)	state	[steɪt]
cidadão (m)	citizen	['sɪtɪzən]
cidadania (f)	citizenship	['sɪtɪzənʃɪp]
brasão (m) de armas	national emblem	['næʃənəl 'embləm]
hino (m) nacional	national anthem	['næʃənəl 'ænθəm]
governo (m)	government	['gʌvənmənt]
Chefe (m) de Estado	head of state	[hed əv steɪt]
parlamento (m)	parliament	['pɑːləmənt]
partido (m)	party	['pɑːtɪ]
capitalismo (m)	capitalism	['kæpɪtəlɪzəm]
capitalista	capitalist	['kæpɪtəlɪst]
socialismo (m)	socialism	['səuʃəlɪzəm]
socialista	socialist	['səuʃəlɪst]
comunismo (m)	communism	['kɒmjunɪzəm]
comunista	communist	['kɒmjunɪst]
comunista (m)	communist	['kɒmjunɪst]
democracia (f)	democracy	[dɪ'mɒkrəsɪ]
democrata (m)	democrat	['deməkræt]
democrático	democratic	[ˌdemə'krætɪk]
Partido (m) Democrático	Democratic party	[ˌdemə'krætɪk 'pɑːtɪ]
liberal (m)	liberal	['lɪbərəl]
liberal	liberal	['lɪbərəl]
conservador (m)	conservative	[kən'sɜːvətɪv]
conservador	conservative	[kən'sɜːvətɪv]
república (f)	republic	[rɪ'pʌblɪk]
republicano (m)	republican	[rɪ'pʌblɪkən]
Partido (m) Republicano	Republican party	[rɪ'pʌblɪkən 'pɑːtɪ]
eleições (f pl)	elections	[ɪ'lekʃənz]
eleger (vt)	to elect (vt)	[tə ɪ'lekt]

eleitor (m)	elector, voter	[ɪ'lektə(r)], ['vəʊtə(r)]
campanha (f) eleitoral	election campaign	[ɪ'lekʃən kæm'peɪn]

votação (f)	voting	['vəʊtɪŋ]
votar (vi)	to vote (vi)	[tə vəʊt]
direito (m) de voto	right to vote	['raɪt tə ˌvəʊt]

candidato (m)	candidate	['kændɪdət]
candidatar-se (vi)	to run for ...	[tə rʌn fɔː(r)]
campanha (f)	campaign	[kæm'peɪn]

da oposição	opposition	[ˌɒpə'zɪʃən]
oposição (f)	opposition	[ˌɒpə'zɪʃən]

visita (f)	visit	['vɪzɪt]
visita (f) oficial	official visit	[ə'fɪʃəl 'vɪzɪt]
internacional	international	[ˌɪntə'næʃənəl]

negociações (f pl)	negotiations	[nɪˌgəʊʃɪ'eɪʃənz]
negociar (vi)	to negotiate (vi)	[tə nɪ'gəʊʃɪeɪt]

193. Política. Governo. Parte 2

sociedade (f)	society	[sə'saɪətɪ]
constituição (f)	constitution	[ˌkɒnstɪ'tjuːʃən]
poder (ir para o ~)	power	['paʊə(r)]
corrupção (f)	corruption	[kə'rʌpʃən]

lei (f)	law	[lɔː]
legal	legal	['liːgəl]

justiça (f)	justice	['dʒʌstɪs]
justo	just, fair	[dʒʌst], [feə(r)]

comité (m)	committee	[kə'mɪtɪ]
projeto-lei (m)	bill	[bɪl]
orçamento (m)	budget	['bʌdʒɪt]
política (f)	policy	['pɒləsɪ]
reforma (f)	reform	[rɪ'fɔːm]
radical	radical	['rædɪkəl]

força (f)	power	['paʊə(r)]
poderoso	powerful	['paʊəfʊl]
partidário (m)	supporter	[sə'pɔːtə(r)]
influência (f)	influence	['ɪnfluəns]

regime (m)	regime	[reɪ'ʒiːm]
conflito (m)	conflict	['kɒnflɪkt]
conspiração (f)	conspiracy	[kən'spɪrəsɪ]
provocação (f)	provocation	[ˌprɒvə'keɪʃən]

derrubar (vt)	to overthrow (vt)	[tə ˌəʊvə'θrəʊ]
derrube (m), queda (f)	overthrow	['əʊvəθrəʊ]
revolução (f)	revolution	[ˌrevə'luːʃən]

| golpe (m) de Estado | coup d'état | [ˌkuː deɪ'taː] |
| golpe (m) militar | military coup | ['mɪlɪtərɪ kuː] |

crise (f)	crisis	['kraɪsɪs]
recessão (f) económica	economic recession	[ˌiːkə'nɒmɪk rɪ'seʃən]
manifestante (m)	demonstrator	['demənˌstreɪtə(r)]
manifestação (f)	demonstration	[ˌdemən'streɪʃən]
lei (f) marcial	martial law	['maːʃəl lɔː]
base (f) militar	military base	['mɪlɪtərɪ beɪs]

| estabilidade (f) | stability | [stə'bɪlətɪ] |
| estável | stable | ['steɪbəl] |

| exploração (f) | exploitation | [ˌeksplɔɪ'teɪʃən] |
| explorar (vt) | to exploit (vt) | [tə ɪk'splɔɪt] |

racismo (m)	racism	['reɪsɪzəm]
racista (m)	racist	['reɪsɪst]
fascismo (m)	fascism	['fæʃɪzəm]
fascista (m)	fascist	['fæʃɪst]

194. Países. Diversos

estrangeiro (m)	foreigner	['fɒrənə(r)]
estrangeiro	foreign	['fɒrən]
no estrangeiro	abroad	[ə'brɔːd]

emigrante (m)	emigrant	['emɪɡrənt]
emigração (f)	emigration	[ˌemɪ'ɡreɪʃən]
emigrar (vi)	to emigrate (vi)	[tə 'emɪɡreɪt]

Ocidente (m)	the West	[ðə west]
Oriente (m)	the East	[ðɪ iːst]
Extremo Oriente (m)	the Far East	[ðə 'faːriːst]

civilização (f)	civilisation	[ˌsɪvɪlaɪ'zeɪʃən]
humanidade (f)	humanity	[hju:'mænətɪ]
mundo (m)	the world	[ðɪ wɜːld]
paz (f)	peace	[piːs]
mundial	worldwide	['wɜːldwaɪd]

pátria (f)	homeland	['həʊmlænd]
povo (m)	people	['piːpəl]
população (f)	population	[ˌpɒpjʊ'leɪʃən]
gente (f)	people	['piːpəl]
nação (f)	nation	['neɪʃən]
geração (f)	generation	[dʒenə'reɪʃən]

território (m)	territory	['terətrɪ]
região (f)	region	['riːdʒən]
estado (m)	state	[steɪt]

| tradição (f) | tradition | [trə'dɪʃən] |
| costume (m) | custom | ['kʌstəm] |

ecologia (f)	ecology	[ɪˈkɒlədʒɪ]
índio (m)	Indian	[ˈɪndɪən]
cigano (m)	Gypsy	[ˈdʒɪpsɪ]
cigana (f)	Gypsy	[ˈdʒɪpsɪ]
cigano	Gypsy	[ˈdʒɪpsɪ]

império (m)	empire	[ˈempaɪə(r)]
colónia (f)	colony	[ˈkɒlənɪ]
escravidão (f)	slavery	[ˈsleɪvərɪ]
invasão (f)	invasion	[ɪnˈveɪʒən]
fome (f)	famine	[ˈfæmɪn]

195. Grupos religiosos mais importantes. Confissões

| religião (f) | religion | [rɪˈlɪdʒən] |
| religioso | religious | [rɪˈlɪdʒəs] |

crença (f)	belief	[bɪˈliːf]
crer (vt)	to believe (vi)	[tə bɪˈliːv]
crente (m)	believer	[bɪˈliːvə(r)]

| ateísmo (m) | atheism | [ˈeɪθɪɪzəm] |
| ateu (m) | atheist | [ˈeɪθɪɪst] |

cristianismo (m)	Christianity	[ˌkrɪstɪˈænətɪ]
cristão (m)	Christian	[ˈkrɪstʃən]
cristão	Christian	[ˈkrɪstʃən]

catolicismo (m)	Catholicism	[kəˈθɒlɪsɪzəm]
católico (m)	Catholic	[ˈkæθlɪk]
católico	Catholic	[ˈkæθlɪk]

protestantismo (m)	Protestantism	[ˈprɒtɪstənˌtɪzəm]
Igreja (f) Protestante	Protestant Church	[ˈprɒtɪstənt tʃɜːtʃ]
protestante (m)	Protestant	[ˈprɒtɪstənt]

ortodoxia (f)	Orthodoxy	[ˈɔːθədɒksɪ]
Igreja (f) Ortodoxa	Orthodox Church	[ˈɔːθədɒks tʃɜːtʃ]
ortodoxo (m)	Orthodox	[ˈɔːθədɒks]

presbiterianismo (m)	Presbyterianism	[ˌprezbɪˈtɪərɪənɪzəm]
Igreja (f) Presbiteriana	Presbyterian Church	[ˌprezbɪˈtɪərɪən tʃɜːtʃ]
presbiteriano (m)	Presbyterian	[ˌprezbɪˈtɪərɪən]

| Igreja (f) Luterana | Lutheranism | [ˈluːθərənɪzəm] |
| luterano (m) | Lutheran | [ˈluːθərən] |

| Igreja (f) Batista | Baptist Church | [ˈbæptɪst tʃɜːtʃ] |
| batista (m) | Baptist | [ˈbæptɪst] |

Igreja (f) Anglicana	Anglican Church	[ˈæŋglɪkən tʃɜːtʃ]
anglicano (m)	Anglican	[ˈæŋglɪkən]
mormonismo (m)	Mormonism	[ˈmɔːmənɪzəm]
mórmon (m)	Mormon	[ˈmɔːmən]

| Judaísmo (m) | Judaism | ['dʒu:deɪˌɪzəm] |
| judeu (m) | Jew | [dʒu:] |

| budismo (m) | Buddhism | ['bʊdɪzəm] |
| budista (m) | Buddhist | ['bʊdɪst] |

| hinduísmo (m) | Hinduism | ['hɪndu:ɪzəm] |
| hindu (m) | Hindu | ['hɪndu:] |

Islão (m)	Islam	['ɪzlɑ:m]
muçulmano (m)	Muslim	['mʊzlɪm]
muçulmano	Muslim	['mʊzlɪm]

| Xiismo (m) | Shiah Islam | ['ʃi:ə 'ɪzlɑ:m] |
| xiita (m) | Shiite | ['ʃi:aɪt] |

| sunismo (m) | Sunni Islam | ['sʌnɪ 'ɪzlɑ:m] |
| sunita (m) | Sunnite | ['sʌnaɪt] |

196. Religiões. Padres

| padre (m) | priest | [pri:st] |
| Papa (m) | the Pope | [ðə pəʊp] |

monge (m)	monk, friar	[mʌŋk], ['fraɪə(r)]
freira (f)	nun	[nʌn]
pastor (m)	pastor	['pɑ:stə(r)]

abade (m)	abbot	['æbət]
vigário (m)	vicar	['vɪkə(r)]
bispo (m)	bishop	['bɪʃəp]
cardeal (m)	cardinal	['kɑ:dɪnəl]

pregador (m)	preacher	['pri:tʃə(r)]
sermão (m)	preaching	['pri:tʃɪŋ]
paroquianos (pl)	parishioners	[pə'rɪʃənəz]

| crente (m) | believer | [bɪ'li:və(r)] |
| ateu (m) | atheist | ['eɪθɪɪst] |

197. Fé. Cristianismo. Islão

| Adão | Adam | ['ædəm] |
| Eva | Eve | [i:v] |

Deus (m)	God	[gɒd]
Senhor (m)	the Lord	[ðə lɔ:d]
Todo Poderoso (m)	the Almighty	[ði ɔ:l'maɪtɪ]

pecado (m)	sin	[sɪn]
pecar (vi)	to sin (vi)	[tə sɪn]
pecador (m)	sinner	['sɪnə(r)]

pecadora (f)	**sinner**	['sɪnə(r)]
inferno (m)	**hell**	[hel]
paraíso (m)	**paradise**	['pærədaɪs]

Jesus	**Jesus**	['dʒi:zəs]
Jesus Cristo	**Jesus Christ**	['dʒi:zəs kraɪst]

Espírito (m) Santo	**the Holy Spirit**	[ðə 'həʊlɪ 'spɪrɪt]
Salvador (m)	**the Saviour**	[ðə 'seɪvjə(r)]
Virgem Maria (f)	**the Virgin Mary**	[ðə 'vɜ:dʒɪn 'meərɪ]

Diabo (m)	**the Devil**	[ðə 'devəl]
diabólico	**devil's**	['devəlz]
Satanás (m)	**Satan**	['seɪtən]
satânico	**satanic**	[sə'tænɪk]

anjo (m)	**angel**	['eɪndʒəl]
anjo (m) da guarda	**guardian angel**	['gɑ:djən 'eɪndʒəl]
angélico	**angelic**	[æn'dʒelɪk]

apóstolo (m)	**apostle**	[ə'pɒsəl]
arcanjo (m)	**archangel**	['ɑ:k͵eɪndʒəl]
anticristo (m)	**the Antichrist**	[ði 'æntɪ͵kraɪst]

Igreja (f)	**Church**	[tʃɜ:tʃ]
Bíblia (f)	**Bible**	['baɪbəl]
bíblico	**biblical**	['bɪblɪkəl]

Velho Testamento (m)	**Old Testament**	[əʊld 'testəmənt]
Novo Testamento (m)	**New Testament**	[nju: 'testəmənt]
Evangelho (m)	**Gospel**	['gɒspəl]
Sagradas Escrituras (f pl)	**Holy Scripture**	['həʊlɪ 'skrɪptʃə(r)]
Céu (m)	**Heaven**	['hevən]

mandamento (m)	**Commandment**	[kə'mɑ:ndmənt]
profeta (m)	**prophet**	['prɒfɪt]
profecia (f)	**prophecy**	['prɒfɪsɪ]

Alá	**Allah**	['ælə]
Maomé	**Mohammed**	[mə'hæmɪd]
Corão, Alcorão (m)	**the Koran**	[ðə kə'rɑ:n]

mesquita (f)	**mosque**	[mɒsk]
mulá (m)	**mullah**	['mʌlə]
oração (f)	**prayer**	[preə(r)]
rezar, orar (vi)	**to pray** (vi, vt)	[tə preɪ]

peregrinação (f)	**pilgrimage**	['pɪlgrɪmɪdʒ]
peregrino (m)	**pilgrim**	['pɪlgrɪm]
Meca (f)	**Mecca**	['mekə]

igreja (f)	**church**	[tʃɜ:tʃ]
templo (m)	**temple**	['tempəl]
catedral (f)	**cathedral**	[kə'θi:drəl]
gótico	**Gothic**	['gɒθɪk]
sinagoga (f)	**synagogue**	['sɪnəgɒg]

mesquita (f)	mosque	[mɒsk]
capela (f)	chapel	['ʧæpəl]
abadia (f)	abbey	['æbɪ]
convento (m)	convent	['kɒnvənt]
mosteiro (m)	monastery	['mɒnəstərɪ]
sino (m)	bell	[bel]
campanário (m)	bell tower	[bel 'taʊə(r)]
repicar (vi)	to ring (vi)	[tə rɪŋ]
cruz (f)	cross	[krɒs]
cúpula (f)	cupola	['kju:pələ]
ícone (m)	icon	['aɪkɒn]
alma (f)	soul	[səʊl]
destino (m)	fate	[feɪt]
mal (m)	evil	['i:vəl]
bem (m)	good	[gʊd]
vampiro (m)	vampire	['væmpaɪə(r)]
bruxa (f)	witch	[wɪʧ]
demónio (m)	demon	['di:mən]
espírito (m)	spirit	['spɪrɪt]
redenção (f)	redemption	[rɪ'dempʃən]
redimir (vt)	to redeem (vt)	[tə rɪ'di:m]
missa (f)	church service, mass	[ʧɜ:ʧ 'sɜ:vɪs], [mæs]
celebrar a missa	to say mass	[tə seɪ mæs]
confissão (f)	confession	[kən'feʃən]
confessar-se (vr)	to confess (vi)	[tə kən'fes]
santo (m)	saint	[seɪnt]
sagrado	sacred	['seɪkrɪd]
água (f) benta	holy water	['həʊlɪ 'wɔ:tə(r)]
ritual (m)	ritual	['rɪʧʊəl]
ritual	ritual	['rɪʧʊəl]
sacrifício (m)	sacrifice	['sækrɪfaɪs]
superstição (f)	superstition	[ˌsu:pə'stɪʃən]
supersticioso	superstitious	[ˌsu:pə'stɪʃəs]
vida (f) depois da morte	afterlife	['ɑ:ftəlaɪf]
vida (f) eterna	eternal life	[ɪ'tɜ:nəl laɪf]

TEMAS DIVERSOS

198. Várias palavras úteis

ajuda (f)	help	[help]
barreira (f)	barrier	['bærɪə(r)]
base (f)	base	[beɪs]
categoria (f)	category	['kætəgərɪ]
causa (f)	cause	[kɔːz]
coincidência (f)	coincidence	[kəʊ'ɪnsɪdəns]
coisa (f)	thing	[θɪŋ]
começo (m)	beginning	[bɪ'gɪnɪŋ]
cómodo (ex. poltrona ~a)	comfortable	['kʌmfətəbəl]
comparação (f)	comparison	[kəm'pærɪsən]
compensação (f)	compensation	[ˌkɒmpen'seɪʃən]
crescimento (m)	growth	[grəʊθ]
desenvolvimento (m)	development	[dɪ'veləpmənt]
diferença (f)	difference	['dɪfrəns]
efeito (m)	effect	[ɪ'fekt]
elemento (m)	element	['elɪmənt]
equilíbrio (m)	balance	['bæləns]
erro (m)	mistake	[mɪ'steɪk]
esforço (m)	effort	['efət]
estilo (m)	style	[staɪl]
exemplo (m)	example	[ɪg'zɑːmpəl]
facto (m)	fact	[fækt]
fim (m)	end	[end]
forma (f)	shape	[ʃeɪp]
frequente	frequent	['friːkwənt]
fundo (ex. ~ verde)	background	['bækgraʊnd]
género (tipo)	kind	[kaɪnd]
grau (m)	degree	[dɪ'griː]
ideal (m)	ideal	[aɪ'dɪəl]
labirinto (m)	labyrinth	['læbərɪnθ]
modo (m)	way	[weɪ]
momento (m)	moment	['məʊmənt]
objeto (m)	object	['ɒbdʒɪkt]
obstáculo (m)	obstacle	['ɒbstəkəl]
original (m)	original	[ɒ'rɪdʒɪnəl]
padrão	standard	['stændəd]
padrão (m)	standard	['stændəd]
paragem (pausa)	stop, pause	[stɒp], [pɔːz]
parte (f)	part	[pɑːt]

partícula (f)	particle	['pɑːtɪkəl]
pausa (f)	pause	[pɔːz]
posição (f)	position	[pə'zɪʃən]
princípio (m)	principle	['prɪnsɪpəl]

problema (m)	problem	['prɒbləm]
processo (m)	process	['prəʊses]
progresso (m)	progress	['prəʊgres]
propriedade (f)	property, quality	['prɒpətɪ], ['kwɒlɪtɪ]

reação (f)	reaction	[rɪ'ækʃən]
risco (m)	risk	[rɪsk]
ritmo (m)	tempo, rate	['tempəʊ], [reɪt]
segredo (m)	secret	['siːkrɪt]
série (f)	series	['sɪəriːz]

sistema (m)	system	['sɪstəm]
situação (f)	situation	[ˌsɪtjʊ'eɪʃən]
solução (f)	solution	[sə'luːʃən]
tabela (f)	table, chart	['teɪbəl], [tʃɑːt]
termo (ex. ~ técnico)	term	[tɜːm]

tipo (m)	type	[taɪp]
urgente	urgent	['ɜːdʒənt]
urgentemente	urgently	['ɜːdʒəntlɪ]
utilidade (f)	utility	[juːˈtɪlətɪ]

variante (f)	variant	['veərɪənt]
variedade (f)	choice	[tʃɔɪs]
verdade (f)	truth	[truːθ]
vez (f)	turn	[tɜːn]
zona (f)	zone	[zəʊn]